Bosbessen gelukzaligheid

Een kookboek met 100 heerlijke recepten. Ontdek de smaakvolle wereld van bosbessen, van ontbijt tot dessert

Jayden O'Shea

Auteursrechtelijk materiaal ©2023

Alle rechten voorbehouden

Vrijwaring
De informatie in dit Boek is bedoeld om te dienen als een uitgebreide verzameling strategieën waarnaar de auteur van dit Boek onderzoek heeft gedaan. Samenvattingen, strategieën, tips en trucs worden alleen aanbevolen door de auteur, en het lezen van dit boek biedt geen garantie dat iemands resultaten exact overeenkomen met de resultaten van de auteur. De auteur van het Boek heeft alle redelijke inspanningen geleverd om de lezers van het Boek actuele en nauwkeurige informatie te verschaffen. De auteur en zijn medewerkers kunnen niet aansprakelijk worden gesteld voor onopzettelijke fouten of weglatingen die kunnen worden gevonden. Het materiaal in het Boek kan informatie van derden bevatten. Materialen van derden bevatten meningen van hun eigenaars. Als zodanig aanvaardt de auteur van het Boek geen verantwoordelijkheid of aansprakelijkheid voor materiaal of meningen van derden.

INHOUDSOPGAVE

INHOUDSOPGAVE 3
INVOERING 7
ONTBIJT 9

    1. Gebakken stokbrood met bosbessen   10
    2. Berry Crêpes met Sinaasappelsaus   12
    3. Bosbessen Vanille Overnight Oats   14
    4. Bosbessen-havermout-yoghurtpannenkoekjes   16
    5. Chiapudding met regenbooglimoen   18
    6. Blueberry-citroencheesecakehaver   20
    7. PB-Havermout ontbijtkom   22
    8. Proteïne-powerwafels   24
    9. Acai-bessensmoothie   26
    10. 's Nachts Blueberry French Toast   28
    11. Lekkere bosbessenwafels   30
    12. Mom's Everything-wafels   32
    13. Bosbessen-citroen-pannenkoeken   34
    14. Boekweitpannenkoekjes met bosbessen   36
    15. Perfecte bosbessenpannenkoekjes   38
    16. Blueberry Spirulina nachtelijke haver   40
    17. Limoenvlaspudding   42
    18. Kokos-quinoa-ontbijtkommen   44
    19. Bosbessen-ontbijtsalade   46
    20. Bosbessen Maisbroodwafels   48
    21. Bosbessen Pannenkoek Bites   50
    22. Kokos-amandelontbijt   52
    23. Banaan-bosbessenpannenkoekjes   54

24. Met citroen gekuste bosbessenwafels	56
25. Franse toast met gebakken bosbessen	58
26. Muesli met eetbare bloemen	60

SNACKS 62

27. Vegetarische pinwheels met regenbooghummus	63
28. Trailmix	65
29. Nutella Gevulde Aardbeien	67
30. Veganistische druiven- en bessenpizza	69
31. Gevulde Zoete Aardappelen	72
32. Bosbessen-citroen scones	74
33. Bosbessenmuffins	76
34. Bosbessenvetbommen	78
35. Gemakkelijke Choco Blueberry Fat Bombs	80
36. Bosbes Pierogi	82
37. Bosbessen-roomkoekjes	85
38. Bosbessen/maïsbeignets	88
39. Bosbessenkruimelrepen	90
40. Citroen- en bosbessen-karnemelkcupcakes	92
41. Fruitsnack met zeemos	95

HOOFDGERECHT 97

42. Aardbeien/Bosbessensoep	98
43. Bosbessenrisotto met boletus	100
44. Wildzwijnstoofpot met bosbessen	102
45. Aardappel-, uien- en chutneypizza	104
46. Bosbessen, Mandarijn, Wortelen & Rucola Salade in een Potje	107
47. Kip, Bosbessen & Avocado Salade	109
48. Kip, Bosbessen, Ricotta & Aardbeien Salade	111
49. Salade van quinoa, groene erwten, asperges en radijzen	113
50. Salade van quinoa, spinazie, bosbessen en aardbeien	115

51. Bessen Quinoa Salade	117
52. Kip, Bosbessen & Avocado Salade	119

NAGERECHT 121

53. Bosbessen & perzik crisp	122
54. Bosbessen-citroencake	124
55. Bosbessen lavendel cranberry crisp	126
56. Bosbessenhandtaarten	128
57. Karnemelktaart met bosbessen	130
58. Havermoutsoufflé	133
59. Bosbessen- en vanille-ijs	135
60. Bosbessensorbet	137
61. Gemengde bessensorbet	139
62. Bosbessen Cheesecake-ijs	141
63. Sous Vide bosbessen-citroencompote	144
64. Ontbijtparfait met bosbessen en granaatappel	146
65. Amaretto-ijs met kersen en bosbessen	148
66. Bosbessen Maïsmeelcake	150
67. Rauwe bessenchips	152
68. Bosbessentaart	154
69. Bessenmelkkruimel	156
70. Appel Bosbes Walnoot Crisp	158
71. Blueberry Boy-aas	160
72. Bosbessen Dump Cake	162
73. Blueberry-citroen-pull-apart brood	164
74. Gemengde bessenschoenmaker met suikerkoekjes	167
75. Zomerbessen met verse munt	170
76. Individuele Yuzu Blueberry Trifles	172
77. Bosbessen-rabarbertaart	175
78. Cherry Berry Havermout Casserole	178

SAUZEN   180

    79. Zomerfruitsaus   181

    80. Bosbessensaus   183

    81. Heerlijke bosbessensiroop   185

    82. Bosbessenjam   187

SMOOTHIES EN COCKTAILS   189

    83. Ombré granaatappel elixer   190

    84. IJs Bosbessen Met Witte Grapefruitade 192

    85. Groene smoothie   194

    86. Kers Bosbessen Boerenkool   196

    87. Eiwit Power Smoothie   198

    88. Superfood-shake   200

    89. Dr. Mike's krachtshake   202

    90. Heldere bessenshake   204

    91. Bosbessen-mangoshake   206

    92. Bosbessenexplosie   208

    93. Bosbessenmuffinshake   210

    94. Bosbessen-kokos-smoothie   212

    95. Keto tropische smoothie   214

    96. Gekiemde Alfalfa Smoothie   216

    97. Bosbessensmoothie   218

    98. Cacao Spinazie Smoothie   220

    99. Bosbessentaart-smoothie   222

    100. Regenboog-kokos-smoothie   224

CONCLUSIE   226

INVOERING

Bosbessen worden beschouwd als een "natuurlijk gezondheidspakket", dat verschillende klassen bioactieve stoffen bevat, die bijdragen aan veel bekende gezondheidsvoordelen. Deze smakelijke bessen hebben veel aandacht en uitzonderlijke belangstelling getrokken van wetenschappers, voedingsdeskundigen en voedselproducenten, en natuurlijk de consumenten, vanwege hun wetenschappelijk gerapporteerde hoge antioxidantcapaciteit als gevolg van hun brede scala aan polyfenolverbindingen.

De gunstige effecten van bosbessen voor verschillende chronische ziekten, waaronder kanker, cardiovasculaire aandoeningen, diabetes en neurodegeneratieve ziekten, worden gerapporteerd. Deze gezondheidseigenschappen worden geassocieerd met de overvloed aan antioxidanten in deze bessen.

Bosbessen zijn een veelzijdige en heerlijke vrucht die kan worden gebruikt in een breed scala aan gerechten, van ontbijt tot diner en zelfs desserts. Met Bosbessen gelukzaligheid ontdek je 100 verrukkelijke recepten die de heerlijke smaak en voedingsvoordelen van dit superfood laten zien. Bovendien gaat elk recept vergezeld van een verbluffende kleurenfoto, die u een visuele gids geeft voor het afgewerkte gerecht.

In dit kookboek vind je alles van klassieke bosbessenpannenkoekjes en -muffins tot hartige gerechten zoals met bosbessen geglaceerde varkenshaas en bosbessen-quinoasalade. En natuurlijk zijn er tal van heerlijke desserts, zoals cheesecake-repen met bosbessen en cobbler met bosbessen.

Elk recept is zorgvuldig samengesteld om de unieke smaak en textuur van bosbessen te benadrukken, en veel bevatten ook handige tips en variaties om ze nog lekkerder te maken. Of je nu een doorgewinterde kok bent of net begint in de keuken, Bosbessen gelukzaligheid is de perfecte gids om de vele mogelijkheden van deze geweldige vrucht te ontdekken.

Met zijn prachtige foto's en makkelijk te volgen recepten is Bosbessen gelukzaligheid een lust voor het oog en de smaakpapillen. Of je nu op zoek bent naar een nieuwe draai aan een oude favoriet of wilt experimenteren met een nieuw ingrediënt, dit kookboek zal je zeker inspireren. Dus waarom zou u vandaag niet aan uw culinaire avontuur beginnen en de zalige wereld van het koken met bosbessen ontdekken?

ONTBIJT

1. **Gebakken stokbrood met bosbessen**

Maakt: 8 Porties
INGREDIËNTEN:
- 16 ons Italiaans brood
- 4 eieren
- ½ kopje melk, 2% vetarm
- ¼ theelepel bakpoeder
- 1 theelepel vanille
- 2½ kopje Bosbessen, bevroren of vers
- ½ kopje suiker
- 1 theelepel kaneel
- 1 theelepel Maïzena
- 2 eetlepels boter, gesmolten
- ¼ kopje poedersuiker

INSTRUCTIES:
a) Snijd het brood op de diagonaal om 8¾-inch dikke stukken te maken, hielen verwijderd. Leg de sneetjes brood in een ovenschaal van 10 bij 15 inch.
b) Klop in een middelgrote kom de eieren, melk, bakpoeder en vanille samen.
c) Giet het mengsel langzaam over het brood en draai elk sneetje om zodat het volledig bedekt is. Dek de schaal af met plasticfolie en zet minimaal 1 uur in de koelkast, maar bij voorkeur een hele nacht.
d) Verwarm de oven voor op 425 graden. Smeer nog een ovenschaal van 10 bij 15 inch in met anti-aanbakspray. Strooi de bosbessen over de bodem van de pan.
e) Meng de suiker, kaneel en maïzena en giet dit gelijkmatig over de bessen. Spreid de sneetjes brood stevig over de bosbessen, met de natste kant naar boven. Bestrijk het brood met gesmolten boter.
f) Bak de wentelteefjes in het midden van de oven in 20 tot 25 minuten goudbruin.
g) Leg de toast met de beskant naar beneden op voorverwarmde borden om te serveren. Roer het resterende bessenmengsel in de ovenschaal en schep het over de toast.
h) Bestrooi met poedersuiker.

2. Berry Crêpes met Sinaasappelsaus

Maakt: 4 porties

INGREDIËNTEN:
- 1 kopje verse bosbessen
- 1 kop Gesneden aardbeien
- 1 eetlepel Suiker
- Drie 3-ounce pakken roomkaas verzacht
- ¼ kopje Honing
- ¾ kopje Sinaasappelsap
- 8 Pannenkoeken

INSTRUCTIES:
a) Combineer bosbessen, aardbeien en suiker in een kleine kom en zet opzij.
b) Om de saus te bereiden, klop je roomkaas en honing tot een lichte massa en klop je langzaam het sinaasappelsap erdoor.
c) Schep ongeveer ½ kopje bessenvulling in het midden van 1 Crêpe. Lepel ongeveer 1 eetlepel saus over de bessen. Rol op en plaats op een serveerschaal. Herhaal met de resterende crêpes.
d) Giet de resterende saus over Crêpes.

3. Blueberry Vanilla Overnight Oats

Maakt: 1

INGREDIËNTEN:
- ½ kopje haver
- ⅓ kopje water
- ¼ kopje magere yoghurt
- ½ theelepel gemalenvanilleBoon
- 1 eetlepelvlaszaden maaltijd
- Een snufje zout
- Bosbessen, amandelen, bramen, rauwHoningvoor bijvullen

INSTRUCTIES:
a) Voeg 's avonds de ingrediënten (behalve toppings) toe aan de kom. Zet een nacht in de koelkast.
b) Roer 's ochtends het mengsel door elkaar. Het moet dik zijn. Voeg de toppings naar keuze toe.

4. Havermout yoghurt pannenkoekjes met bosbessen

INGREDIËNTEN:
- ½ plus ⅓ kopje wit volkoren meel
- ½ kopje ouderwetse gerolde haver
- 1 ½ theelepel suiker
- ½ theelepel bakpoeder
- ½ theelepel zuiveringszout
- ¼ theelepel koosjer zout
- ¾ kopje Griekse yoghurt
- ½ kopje 2% melk
- 1 theelepel olijfolie
- 1 groot ei
- ½ kopje bosbessen
- 12 aardbeien, in dunne plakjes
- 2 kiwi's, geschild en in dunne plakjes gesneden
- ¼ kopje ahornsiroop

INSTRUCTIES:
a) Verwarm een bakplaat met anti-aanbaklaag voor op 350 graden F of verwarm een koekenpan met anti-aanbaklaag op middelhoog vuur. Smeer de bakplaat of koekenpan licht in met anti-aanbakspray.
b) Meng in een grote kom de bloem, havermout, suiker, bakpoeder, bakpoeder en zout. Klop in een grote glazen maatbeker of een andere kom de yoghurt, melk, olijfolie en ei door elkaar. Giet het natte mengsel over de droge ingrediënten en roer met een rubberen spatel net tot het vochtig is. Voeg de bosbessen toe en roer voorzichtig om te combineren.
c) Werk in batches, schep ⅓ kopje beslag voor elke pannenkoek op de bakplaat en kook tot er bubbels aan de bovenkant verschijnen en de onderkant mooi bruin is, ongeveer 2 minuten. Draai en bak de pannenkoeken aan de andere kant, 1 tot 2 minuten langer.
d) Verdeel de pannenkoeken, aardbeien, kiwi's en ahornsiroop over meal prep bakjes. In de koelkast afgedekt 3 tot 4 dagen houdbaar. Om op te warmen, plaatst u het in de magnetron met tussenpozen van 30 seconden tot het goed is opgewarmd.

5. Regenboog Limoen Chia Pudding

INGREDIËNTEN:
- 1 ¼ kopjes 2% melk
- 1 kopje 2% gewone Griekse yoghurt
- ½ kopje chiazaad
- 2 eetlepels honing
- 2 eetlepels suiker
- 2 theelepels limoenrasp
- 2 eetlepels vers geperst limoensap
- 1 theelepel vanille-extract
- 1 kop gehakte aardbeien en bosbessen
- ½ kopje in blokjes gesneden mango en ½ kopje in blokjes gesneden kiwi

INSTRUCTIES:
a) Klop in een grote kom de melk, yoghurt, chiazaad, honing, suiker, limoenrasp, limoensap, vanille en zout tot een goed gemengd geheel.

b) Verdeel het mengsel gelijkmatig in vier (16-ounce) metselaarpotten. Bedek en koel 's nachts, of tot 5 dagen.

c) Serveer koud, gegarneerd met aardbeien, mango, kiwi en bosbessen.

6. Blueberry Lemon Cheesecake Havermout

INGREDIËNTEN:
- ¼ kopje magere Griekse yoghurt
- 2 eetlepels bosbessenyoghurt
- ¼ kopje bosbessen
- 1 theelepel geraspte citroenschil
- 1 theelepel honing

INSTRUCTIES:
a) Combineer de haver en melk in een 16-ounce glazen pot; top met de gewenste toppings.
b) Zet een nacht of maximaal 3 dagen in de koelkast; serveer koud.

7. **PB-Havermout ontbijtkom**

INGREDIËNTEN:
- ½ kopje ouderwetse gerolde haver
- Snufje koosjer zout
- 2 eetlepels frambozen
- 2 eetlepels bosbessen
- 1 eetlepel gehakte amandelen
- ½ theelepel chiazaad
- 1 banaan, in dunne plakjes
- 2 theelepels pindakaas, opgewarmd

INSTRUCTIES:
a) Combineer 1 kopje water, de haver en het zout in een kleine steelpan. Kook op middelhoog vuur, af en toe roerend, tot de haver zacht is geworden, ongeveer 5 minuten.

b) Voeg de havermout toe aan een maaltijdbereidingscontainer. Top met de frambozen, bosbessen, amandelen, chiazaden en banaan en besprenkel met de warme pindakaas. In de koelkast 3 tot 4 dagen houdbaar.

c) De havermout kan koud of opgewarmd worden geserveerd. Verwarm in de magnetron met tussenpozen van 30 seconden tot het goed is opgewarmd.

8. **Eiwit powerwafels**

INGREDIËNTEN:
- 6 grote eieren
- 2 kopjes kwark
- 2 kopjes ouderwetse gerolde haver
- ½ theelepel vanille-extract
- Snufje koosjer zout
- 3 kopjes magere yoghurt
- 1 ½ kopje frambozen
- 1 ½ kopje bosbessen

INSTRUCTIES:
a) Verwarm een wafelijzer voor op middelhoog vuur. Smeer de boven- en onderkant van het strijkijzer licht in of smeer het in met anti-aanbakspray.
b) Combineer de eieren, kwark, haver, vanille en zout in een blender en mix tot een gladde massa.
c) Giet een karige ½ kopje van het eimengsel in het wafelijzer, sluit voorzichtig en kook tot het goudbruin en knapperig is, 4 tot 5 minuten.
d) Plaats de wafels, yoghurt, frambozen en bosbessen in maaltijdbereidingscontainers.

9. Acaibes smoothie

INGREDIËNTEN:
VOORBEREIDEN
- 2 (3,88-ounce) pakketten bevroren acai puree, ontdooid
- 1 kopje bevroren frambozen
- 1 kopje bevroren bosbessen
- 1 kopje bevroren bramen
- 1 kopje bevroren aardbeien
- ½ kopje granaatappelpitjes

SERVEREN
- 1½ kopje granaatappelsap

INSTRUCTIES:
a) Combineer de acai, frambozen, bosbessen, bramen, aardbeien en granaatappelpitjes in een grote kom. Verdeel het mengsel over 4 ziplock diepvrieszakjes. Bevries maximaal een maand, tot het klaar is om te serveren.

b) Plaats de inhoud van een zak in een blender, voeg een royale ⅓ kopje granaatappelsap toe en mix tot een gladde massa. Serveer onmiddellijk.

10. Nachtelijke Blueberry French Toast

Maakt: 6 tot 8

INGREDIËNTEN:
- 1 baguettebrood, gesneden 1-inch dik
- 6 eieren
- 3 c. melk
- 1 c. bruine suiker, verpakt en verdeeld
- vanille-extract naar smaak
- nootmuskaat naar smaak
- ¼ c. gehakte pecannoten
- 2 kopjes bosbessen
- Optioneel: ahornsiroop

INSTRUCTIES:
a) Schik stokbroodplakken in een licht ingevette 13"x9" bakvorm; opzij zetten.
b) Klop eieren, melk, ¾ kopje bruine suiker, vanille en nootmuskaat in een grote kom. Giet het mengsel gelijkmatig over de sneetjes stokbrood.
c) Dek af en laat een nacht afkoelen. Strooi vlak voor het bakken de overgebleven bruine suiker, pecannoten en bosbessen erover.
d) Bak, onafgedekt, gedurende 50 minuten op 350 graden, of tot ze goudbruin en bruisend zijn. Serveer met ahornsiroop, naar wens.

11. Lekkere bosbessenwafels

Voor: 4 wafels

INGREDIËNTEN:
- 2 eieren
- 2 kopjes All-purpose Flour
- 1¾ kopje melk
- ½ kopje olie
- 1 eetlepel suiker
- 4 theelepels bakpoeder
- ¼ theelepel zout
- ½ theelepel vanille-extract
- 1½ kopje bosbessen

INSTRUCTIES:
a) Klop in een grote kom de eieren met een elektrische mixer op gemiddelde snelheid luchtig.
b) Voeg resterende ingrediënten toe behalve bessen; klop tot een gladde massa.
c) Spray een wafelijzer in met non-stick groentespray. Giet het beslag per ½ kopje op het voorverwarmde wafelijzer. Strooi de gewenste hoeveelheid bessen over het beslag.
d) Bak volgens de instructies van de fabrikant, tot ze goudbruin zijn.
e) Overnight Apple French Toast

12. **Mom's Everything Wafels**

Maakt: 4 tot 6

INGREDIËNTEN:
- 2 kopjes koekjesbakmix
- 1-½ kop snelkokende haver, ongekookt
- ¼ c. tarwekiemen
- ½ kopje gehakte pecannoten of walnoten
- 2 eieren, losgeklopt
- ¼ c. pindakaas
- ½ kopje vanilleyoghurt
- 3-½ kopje magere melk, verdeeld
- 1 c. bosbessen
- Optioneel: ¼ c. mini-chocoladeschilfers
- Garnering: ahornsiroop, fruittopping, slagroom

INSTRUCTIES:
a) Combineer bakmix, haver, tarwekiemen en noten in een grote kom; opzij zetten. Klop in een aparte kom eieren, pindakaas, yoghurt en 3 kopjes melk bij elkaar.
b) Voeg toe aan droge ingrediënten en roer. Voeg zo nodig de resterende melk toe om de consistentie van appelmoes te krijgen. Vouw de bessen en chocoladeschilfers erdoor, indien gewenst.
c) Giet met ½ kopje op een voorverwarmd wafelijzer dat is besproeid met non-stick groentespray.
d) Bak tot knapperig, volgens de instructies van de fabrikant.
e) Serveer met ahornsiroop of fruittopping en een klodder slagroom.

13. Bosbessen-Citroen Pannenkoeken

Maakt: 6 porties

INGREDIËNTEN:
- 3 ons pkg. roomkaas, zacht
- 1-½ kopje half en half
- 1 T. citroensap
- 3-¾ pkg. instant citroenpuddingmix
- ½ kopje koekjesbakmix
- 1 ei, losgeklopt
- 6 T. melk
- 1 c. vulling van bosbessentaart

INSTRUCTIES:
a) Combineer roomkaas, half en half, citroensap en droge puddingmix in een kom. Klop met een elektrische mixer op lage snelheid gedurende 2 minuten. Zet 30 minuten in de koelkast.
b) Vet een koekenpan van 15 cm licht in en plaats deze op middelhoog vuur. Meng in een kom de koekjesmix, het ei en de melk.
c) Slaan tot dat het glad is. Giet voor elke crêpe 2 eetlepels beslag in de koekenpan. Draai de koekenpan snel rond en laat het beslag de bodem van de koekenpan bedekken.
d) Bak elke crêpe tot ze licht goudbruin is, draai ze dan om en kook opnieuw tot ze net goudbruin zijn.
e) Schep 2 eetlepels roomkaasmengsel op elke crêpe en rol op.
f) Top met het resterende roomkaasmengsel en de taartvulling.

14. **Bosbessen Boekweit Pannenkoeken**

Maakt: 4 porties

INGREDIËNTEN:
- 1-½ kopje boekweitmeel
- ½ t. bakpoeder
- ½ t. natriumcarbonaat
- ¼ ton. zout
- 1 c. karnemelk
- 2 eiwitten, losgeklopt
- 1 ei, losgeklopt
- 1 T. schat
- 1 T. koolzaadolie
- 1 t. vanille-extract
- 1 c. bosbessen, ontdooid indien bevroren
- Garnering: ahornsiroop, vers fruit

INSTRUCTIES:
a) Meng in een kom bloem, bakpoeder, bakpoeder en zout.
b) Roer in een aparte kom karnemelk, eiwit, ei, honing, olie en vanille door elkaar.
c) Voeg het karnemelkmengsel toe aan het bloemmengsel; goed roeren.
d) Vouw de bosbessen voorzichtig in.
e) Verhit een licht ingevette koekenpan op middelhoog vuur. Voeg het beslag toe met ¼ dopjes.
f) Kook tot er bubbels bovenop verschijnen, ongeveer 1-½ minuut.
g) Draai; kook de andere kant goudbruin, ongeveer 1-½ minuut.
h) Top met meer vers fruit of ahornsiroop, zoals gewenst.

15. Perfecte bosbessenpannenkoekjes

Maakt: een dozijn pannenkoeken

INGREDIËNTEN:
- 1 c. melk
- ½ kopje water
- 1 c. plus 2 T. volkoren meel
- ½ kopje maïsmeel
- 1 t. bakpoeder
- ½ t. natriumcarbonaat
- ¼ ton. zout
- 1 c. bosbessen
- 2 T. olie, verdeeld
- Garnering: jam of siroop

INSTRUCTIES:
a) Meng melk en water in een kleine kom; opzij zetten. Zeef bloem, maïsmeel, bakpoeder, bakpoeder en zout in een grote kom; Meng goed. Roer het melkmengsel erdoor tot het gecombineerd is.
b) Vouw bosbessen in; laat 5 minuten staan.
c) Verhit een eetlepel olie in een grote koekenpan op middelhoog vuur. Giet ¼ kopje beslag per pannenkoek in de koekenpan; kook tot de bovenkant bubbelt en de randen een beetje droog zijn.
d) Draai en bak de andere kant goudbruin. Herhaal met de resterende olie en het beslag.
e) Serveer warm met jam of siroop naar wens.

16. Bosbessen Spirulina Overnight Oats

Maakt: 1

INGREDIËNTEN:
- ½ kopje haver
- 1 eetlepel geraspte kokos
- ⅛ theelepels kaneel
- ½ theelepel spirulina
- ½ kopje plantaardige melk
- 1 ½ Eetlepels plantaardige yoghurt
- ¼ kopje bevroren bosbessen
- 1 theelepel hennepzaad optioneel
- 1 kiwi, in plakjes

INSTRUCTIES:
a) Voeg in een pot of kom de havermout, geraspte kokosnoot, kaneel en spirulina toe. Voeg dan de plantaardige melk en kokos- of natuuryoghurt toe.
b) Voeg de bevroren bosbessen en kiwi toe. Zet een nacht in de koelkast, of in ieder geval een uur of langer.
c) Voeg voor het serveren eventueel de hennepzaden toe. Genieten!

17. Limoen Vlaspudding

Maakt: 1 portie

INGREDIËNTEN:
- 1 ¼ kopjes 2% melk
- 1 kopje 2% gewone Griekse yoghurt
- ½ kopje lijnzaad
- 2 eetlepels honing
- 2 eetlepels suiker
- 2 theelepels limoenrasp
- 2 eetlepels vers geperst limoensap
- 1 theelepel vanille-extract
- 1 kop gehakte aardbeien en bosbessen
- ½ kopje in blokjes gesneden mango en ½ kopje in blokjes gesneden kiwi

INSTRUCTIES:
d) Klop in een grote kom de melk, yoghurt, lijnzaad, honing, suiker, limoenschil, limoensap, vanille en zout door elkaar tot alles goed gemengd is.
e) Verdeel het mengsel gelijkmatig over vier weckpotten.
f) Bedek en koel 's nachts, of voor maximaal 5 dagen.
g) Serveer koud, gegarneerd met aardbeien, mango, kiwi en bosbessen.

18. Kokos Quinoa Ontbijtkommen

Maakt: 4

INGREDIËNTEN:
- 1 eetlepel kokosolie
- 1½ kopje rode of zwarte quinoa, afgespoeld
- 14-ounce blikje ongezoete lichte kokosmelk, plus meer om te serveren
- 4 kopjes water
- Fijn zeezout
- eetlepels honing, agave of ahornsiroop
- 2 theelepels vanille-extract
- Kokosyoghurt
- Bosbessen
- Goji bessen
- Geroosterde pompoenpitten
- Geroosterde ongezoete kokosvlokken

INSTRUCTIES:
a) Verhit de olie in een pan op middelhoog vuur. Voeg de quinoa toe en rooster ongeveer 2 minuten, onder regelmatig roeren. Roer langzaam het blikje kokosmelk, het water en een snufje zout erdoor. De quinoa zal eerst borrelen en spuiten, maar zal snel bezinken.
b) Breng aan de kook, dek af, zet het vuur laag en laat sudderen tot het een zachte, romige consistentie bereikt, ongeveer 20 minuten. Haal van het vuur en roer de honing, agave, ahornsiroop en vanille erdoor.
c) Verdeel de quinoa over kommen om te serveren. Werk af met extra kokosmelk, kokosyoghurt, bosbessen, gojibessen, pompoenpitten en kokosvlokken.

19. Bosbessen Ontbijtsalade

INGREDIËNTEN:
Salade:

- 2 pond Gemengde, gescheurde slagroenten
- 4 kopjes verse bosbessen
- 4 kopjes Verse sinaasappelpartjes
- 2 kopjes muesli

Vinaigrette
- 1 kopje kokosolie
- 1 kopje bevroren bosbessen, ontdooid
- 1 eetlepel Dijon-mosterd
- 2 eetlepels bruine suiker
- 2 theelepels fijngehakte sjalot
- ¾ theelepel koosjer zout
- ½ theelepel gemalen peper
- ½ theelepel paprikapoeder

INSTRUCTIES:

a) **Voor vinaigrette:** Voeg alle ingrediënten toe aan een blender of keukenmachine en verwerk tot het mengsel glad is. Koel minstens 30 minuten om smaken te mengen. Maakt: 2 kopjes.

b) Meng alle slablaadjes met de Blueberry Vinaigrette en verdeel de slablaadjes over acht grote borden.

c) Schik stukjes sinaasappel en bosbessen bovenop elke salade.

d) Bestrooi elke salade met granola en serveer direct.

20. **Bosbessen Maïsbrood Wafels**

Maakt: 4 tot 6 porties

INGREDIËNTEN:
- 1½ kopje bloem voor alle doeleinden
- ½ kopje gele maïsmeel
- ¼ kopje kristalsuiker
- ½ theelepel koosjer zout
- 1½ theelepel bakpoeder
- 1¼ kopjes karnemelk
- 2 eieren, licht losgeklopt
- ½ kop (1 stok) ongezouten boter, gesmolten
- ¾ kopje bevroren bosbessen, ontdooid

INSTRUCTIES:
a) Verwarm je wafelijzer voor.
b) Meng in een grote mengkom de bloem, maïsmeel, suiker, zout en bakpoeder. Meng de droge ingrediënten tot ze goed gecombineerd zijn.
c) Maak een kuiltje in het midden van de droge ingrediënten. Voeg de karnemelk, eieren en gesmolten boter toe. Meng met een garde tot alles goed gemengd is. Spatel daarna de bosbessen door het beslag.
d) Spuit het wafelijzer in met anti-aanbakspray. Plaats 1 tot 1½ kopjes beslag op het strijkijzer en kook tot de buitenste delen mooi knapperig zijn. Herhaal tot er geen beslag meer is. Serveer en geniet met je favoriete toppings.

21. Bosbessen Pannenkoek Bites

INGREDIËNTEN:
- Bevroren bosbessen - ½ kopje
- Kokosmeel - ½ kopje
- Bakpoeder - 1 theelepel
- Zout - ½ theelepel
- Swerve-zoetstof - ¼ kopje
- Kaneel - ¼ theelepel
- Vanille-extract, ongezoet – ½ theelepel
- Boter, grasgevoerd, ongezouten, gesmolten - ¼ kopje
- Eieren, in de wei – 4
- Water - ⅓ kopje

INSTRUCTIES:
a) Zet de oven op 350 graden F en laat voorverwarmen tot de muffins klaar zijn om te bakken.
b) Breek de eieren in een kom, voeg vanille en zoetstof toe, klop met een staafmixer tot ze gemengd zijn en meng dan in zout, kaneel, boter, bakpoeder en bloem tot het opgenomen en glad beslag samenkomt.
c) Laat het beslag 10 minuten staan of tot het ingedikt is en meng het dan met water tot het gemengd is.
d) Neem een siliconen mini-muffinvorm van 25 kopjes, vet de kopjes in met avocado-olie, schep het voorbereide beslag er gelijkmatig in en bedek met enkele bosbessen, druk de bessen voorzichtig in het beslag.
e) Zet de muffinbakplaat in de oven en bak de muffins in 25 minuten gaar of tot ze goed gaar zijn en de bovenkant mooi goudbruin is.
f) Als je klaar bent, haal je de muffins uit de bak en laat ze afkoelen op het rooster.
g) Doe de muffins in een grote diepvrieszak of verdeel ze gelijkmatig in pakketjes en bewaar ze vier dagen in de koelkast of maximaal drie maanden in de vriezer.
h) Als je klaar bent om te serveren, zet je de muffins in de magnetron gedurende 45 seconden tot 1 minuut of tot ze goed zijn opgewarmd.

22. **Kokos Amandel Ontbijt**

INGREDIËNTEN:
- 2 eetlepels geroosterde pepitas
- ⅓ kopje kokosmelk
- 2 eetlepels gehakte amandelen
- 1 eetlepel chiazaad
- ⅓ kopje water
- Een handvol bosbessen

INSTRUCTIES:
a) Meng de pepitas met amandelen in je keukenmachine of blender en pulseer ze goed.
b) Schik Instant Pot op een droog platform in uw keuken. Open het bovendeksel en zet hem aan.
c) Voeg de chiazaadjes toe met water en kokosmelk; roer voorzichtig om goed te mengen.
d) Voeg de pepita-mix toe en meng.
e) Sluit het deksel om een gesloten kamer te creëren; zorg ervoor dat de veiligheidsklep in vergrendelde stand staat.
f) Zoek en druk op de kookfunctie "HANDMATIG"; timer tot 5 minuten met standaard "HOGE" drukmodus.
g) Laat de druk opbouwen om de ingrediënten te koken.
h) Nadat de kooktijd voorbij is, drukt u op de instelling "ANNULEREN". Zoek en druk op de kookfunctie "QPR". Deze instelling is voor het snel laten ontsnappen van inwendige druk.
i) Serveer met de bosbessen erop.

23. Pannenkoeken Banaan-Bosbessen

Maakt: 4 porties

INGREDIËNTEN:
- 1 rijpe banaan, gepureerd
- 2 kopjes sojamelk
- 2 eetlepels veganistische margarine, gesmolten
- 1 theelepel puur vanille-extract
- 11/2 kopjes bloem voor alle doeleinden
- 1/2 kopje snelkokende haver
- 2 eetlepels suiker
- 0,5 theelepel bakpoeder
- 1 theelepel gemalen kaneel
- 1/2 theelepel gemalen piment
- 1/2 theelepel gemalen nootmuskaat
- 1/2 theelepel zout
- 1 kopje verse bosbessen
- Canola- of druivenpitolie, om te frituren

INSTRUCTIES:
a) Meng in een grote kom de banaan, sojamelk, gesmolten margarine en vanille goed door elkaar. Opzij zetten.
b) Meng in een aparte grote kom de bloem, haver, suiker, bakpoeder, kaneel, piment, nootmuskaat en zout. Voeg de natte ingrediënten toe aan de droge ingrediënten en mix met een paar snelle bewegingen. Spatel de bosbessen erdoor. Verwarm de oven voor op 225°F.
c) Verhit op een bakplaat of grote koekenpan een dunne laag olie op middelhoog vuur. Schep 1/4 kop tot 1/3 kop dopjes beslag op de hete bakplaat. Kook tot er kleine belletjes aan de bovenkant verschijnen, ongeveer 3 minuten.
d) Draai de pannenkoeken om en bak tot de tweede kant bruin is, ongeveer 2 tot 3 minuten.
e) Leg de gebakken pannenkoeken op een hittebestendige schaal en houd ze warm in de oven terwijl je de rest bakt.

24. **Citroengezoete bosbessenwafels**

Maakt: 4 porties

INGREDIËNTEN:
- 11/2 kopjes bloem voor alle doeleinden
- 1/2 kopje ouderwetse haver
- 1/4 kopje suiker
- theelepels bakpoeder
- 1/2 theelepel zout
- 1 theelepel gemalen kaneel
- 2 kopjes sojamelk
- 1 eetlepel vers citroensap
- 1 theelepel citroenschil
- 1/4 kopje veganistische margarine, gesmolten
- 1/2 kopje verse bosbessen

INSTRUCTIES:
a) Vet het wafelijzer licht in en verwarm het voor. Verwarm de oven voor op 225°F.
b) Meng in een grote kom de bloem, haver, suiker, bakpoeder, zout en kaneel. Opzij zetten.
c) Klop in een aparte grote kom de sojamelk, het citroensap, de citroenschil en de margarine door elkaar. Voeg de natte ingrediënten toe aan de droge ingrediënten en meng met een paar snelle bewegingen, mix tot net gecombineerd. Spatel de bosbessen erdoor.
d) Schep 1/2 tot 1 kop van het beslag (afhankelijk van de instructies bij uw wafelijzer) op het hete wafelijzer. Kook tot het gaar is, 3 tot 5 minuten voor de meeste wafelijzers. Leg de gebakken wafels op een hittebestendige schaal en houd ze warm in de oven terwijl je de rest bakt.

25. Gebakken Blueberry French Toast

Maakt: 2

INGREDIËNTEN:
- 8 stuks vers volkorenbrood, gesneden
- 5 grote eieren, geklopt
- 44 ml melk
- 85g Ahornsiroop
- ¼ theelepel zeezout
- ½ theelepel gemalen kaneel
- 125g bosbessen
- 6 eetlepels olijfolie
- 8 klodders boter

INSTRUCTIES:
a) Sprenkel de olijfolie in een grote gietijzeren pan of schaal.
b) Combineer eieren, melk, ahornsiroop, zout en kaneel in een grote mengschaal.
c) Doop elk sneetje brood in de saus.
d) Leg het brood in de pan en week het 5-10 minuten in het eimengsel.
e) Leg bosbessen bovenop het brood.
f) Bak in de restwarmte van de oven tot het eierbeslag is ingetrokken en het brood goudbruin is.
g) Haal uit de oven en besprenkel met ahornsiroop en boter.

26. **Muesli met eetbare bloemen**

INGREDIËNTEN:
- sap van ½ citroen
- schil van 1 citroen
- ¼ kopje suiker
- 1 eigeel
- 2 eetlepels boter in kleine stukjes gesneden
- ¼ kopje Griekse yoghurt
- ½ kopje geroosterde amandelen
- ½ kopje bosbessen
- ½ kopje muesli
- Viooltjes, Oost-Indische kers en anjers

INSTRUCTIES:
a) Doe citroensap, citroenschil, suiker en eidooier in een pan.
b) Kook, onder voortdurend roeren met een houten lepel, tot het dik wordt.
c) Als het klaar is, leg je het aan de kant en voeg je de boter toe en snijd je het in stukjes. Roer het tot de boter smelt en laat het afkoelen. Voeg als het koud is yoghurt toe en meng het erdoor.
d) Rooster de amandelen in een koekenpan met een theelepel olie.
e) Als alle ingrediënten klaar zijn, begin je alle ingrediënten in laagjes te leggen.
f) Begin met granola, dan de helft van de noten, yoghurt-citroenmix, bessen en de rest van de noten, bedek met de rest van de yoghurtmix en garneer met eetbare bloemen.

SNACKS

27. Vegetarische pinwheels met regenbooghummus

INGREDIËNTEN:

- 2 eetlepels houmous
- 1 (8-inch) spinazietortilla
- ¼ kopje dun gesneden rode paprika
- ¼ kopje dun gesneden gele paprika
- ¼ kopje dun gesneden wortel
- ¼ kopje dun gesneden komkommer
- ¼ kopje babyspinazie
- ¼ kopje geraspte rode kool
- ¼ kopje alfalfaspruiten
- ½ kopje aardbeien
- ½ kopje bosbessen

INSTRUCTIES:

a) Verdeel de hummus over het oppervlak van de tortilla in een gelijkmatige laag, laat een rand van ¼ inch over. Leg de paprika, wortel, komkommer, spinazie, kool en spruitjes in het midden van de tortilla.

b) Leg de onderkant van de tortilla strak over de groenten en vouw de zijkanten naar binnen. Ga door met rollen totdat de bovenkant van de tortilla is bereikt. Snijd in zesen.

c) Plaats pinwheels, aardbeien en bosbessen in een maaltijdbereidingscontainer. Zet 3 tot 4 dagen in de koelkast.

28. Trail-mix

Maakt: ongeveer 2 kopjes

INGREDIËNTEN:
- 1 kop (15 g) gepofte popcorn
- ¼ kopje (40 g) geroosterde pinda's
- ¼ kopje (40 g) geroosterde amandelen
- ¼ kopje (40 g) pompoenpitten
- ¼ kopje (35 g) gedroogde bosbessen, zonder toegevoegde suikers
- 2 eetlepels pure chocoladeschilfers (optioneel)
- snufje kaneel (optioneel)
- snufje zout

INSTRUCTIES:
a) Gooi alle ingrediënten door elkaar, pas indien gewenst kaneel en zout naar smaak aan.
b) Bewaar in een luchtdichte container.
c) Gaat tot 2 weken mee in de voorraadkast.

29. <u>Nutella Gevulde Aardbeien</u>

INGREDIËNTEN:
- 30 gesneden verse aardbeien
- 1 (7 ounce) blik slagroom
- 13-ounce pot Nutella
- 30 verse bosbessen
- 1 (14,4 ounce) pakje mini graham crackers

INSTRUCTIES:

a) Snijd eerst het onderste deel van elke aardbei en maak een gat in elk van hen vanaf de bovenkant.

b) Doe nu slagroom en hazelnootpasta in dit kuiltje en top dit af met een bosbes.

c) Bedek met een graham cracker voor het opdienen.

30. <u>**Veganistische druiven- en bessenpizza**</u>

Maakt: 12

INGREDIËNTEN:
- 1 suikerkoekjeskorst

ROOMKAAS VULLING
- 8 ons Vegan Cream Cheese Style Spread
- 1 blik volle kokosmelk, afgeroomde vaste stoffen
- ⅓ kopje poedersuiker
- 1 theelepel. vanille-extract

FRUITBOVEN
- 8 grote aardbeien, in plakjes
- 4 kiwi's, geschild en in plakjes
- ½ kopje bosbessen
- ½ kopje druiven gehalveerd
- ¼ kopje frambozen
- 2 eetlepels eenvoudige siroop

INSTRUCTIES

a) Verwarm de oven voor op 350F. Spuit een 14 "pizzapan in met kookspray en zet opzij.

b) Verdeel het koekjesdeeg gelijkmatig in de voorbereide pizzavorm. Prik met een vork een paar gaatjes in de korst en bak de korst 12-15 minuten, tot de randen goudbruin zijn en het koekje in het midden gebakken is. Haal uit de oven en plaats in de koelkast of vriezer om af te koelen.

c) Maak de roomkaasvulling. Om de vulling te maken, schep je de vaste stoffen uit de kokosmelk in een middelgrote kom. Voeg veganistische roomkaasachtige spread, suiker en vanille toe en mix met een handmixer tot het helemaal glad is. Koel tot gebruik.

d) Stel de pizza samen. Zodra het koekje is afgekoeld, bedekt u het met de roomkaasvulling en verspreidt u het zelfs met een offset spatel. Zet de pizza terug in de koelkast om de vulling te laten stollen terwijl je het fruit klaarmaakt.

e) Snijd de aardbeien en kiwi in plakjes. Snijd de druiven doormidden. Bedek de gekoelde pizza met verse bessen en decoreer ze in concentrische cirkels. Borstel eenvoudige siroop over de bessen om ze te laten glanzen.

f) Serveer onmiddellijk of zet terug in de koelkast tot het klaar is om te serveren.

31. Gevulde Zoete Aardappelen

Maakt: 1

INGREDIËNTEN:
- 1 kopje water
- 1 zoete aardappel
- 1 eetlepel pure ahornsiroop
- 1 eetlepel amandelboter
- 1 eetlepel gehakte pecannoten
- 2 eetlepels bosbessen
- 1 theelepel chiazaad
- 1 theelepel currypasta

INSTRUCTIES:
a) Voeg in je instantpan een kopje water en het stoomrek toe.
b) Sluit het deksel en plaats de zoete aardappel op het rek, zorg ervoor dat de ontlastklep in de juiste positie staat.
c) Verwarm de Instant Pot handmatig 15 minuten voor op hoge druk. Het duurt een paar minuten voordat de druk is opgebouwd.
d) Nadat de timer is afgegaan, laat u de druk gedurende 10 minuten op natuurlijke wijze dalen. Om eventuele resterende druk af te voeren, draait u aan de ontluchtingsklep.
e) Zodra de vlotterklep is gevallen, verwijder je de zoete aardappel door het deksel te openen.
f) Als de zoete aardappel voldoende is afgekoeld om te hanteren, snijd hem dan doormidden en prak het vruchtvlees fijn met een vork.
g) Top met pecannoten, bosbessen en chiazaden en besprenkel met ahornsiroop en amandelboter.

32. Bosbessen-citroen scones

Maakt: 6

INGREDIËNTEN:
- 2 kopjes All-purpose Flour
- 1 eetlepel bakpoeder
- 2 theelepels suiker
- 1 theelepel koosjer zout
- 2 ons geraffineerde kokosolie
- 1 kopje verse bosbessen
- ¼ ons citroenschil
- 8 ons kokosmelk

INSTRUCTIES:
a) Meng kokosolie met zout, suiker, bakpoeder en bloem in een keukenmachine.
b) Doe dit bloemmengsel in een mengkom.
c) Voeg nu kokosmelk en citroenschil toe aan het bloemmengsel en meng goed.
d) Spatel de bosbessen erdoor en meng het voorbereide deeg goed tot een gladde massa.
e) Verdeel dit bosbessendeeg in een ronde van 7 inch en plaats het in een pan.
f) Zet het bosbessendeeg 15 minuten in de koelkast en snijd het dan in 6 partjes.
g) Bedek de Sear Plate met een perkamentvel.
h) Leg de bosbessenpartjes in de beklede Sear Plate.
i) Doe de scones in de Airfryer Oven en sluit de deur.
j) Selecteer de modus "Bakken" door aan de knop te draaien.
k) Druk op de TIME/SLICES-knop en wijzig de waarde in 25 minuten.
l) Druk op de TEMP/SHADE-knop en wijzig de waarde in 400 °F.
m) Druk op Start/Stop om te beginnen met koken.
n) Serveer vers.

33. **Bosbessenmuffins**

Maakt: 6
INGREDIËNTEN:
- 1 ei, losgeklopt
- 1 rijpe banaan, geschild en gepureerd
- 1¼ kopjes amandelmeel
- 2 eetlepels kristalsuiker
- ½ theelepel bakpoeder
- 1 eetlepel kokosolie, gesmolten
- ⅛ kopje ahornsiroop
- 1 theelepel appelazijn
- 1 theelepel vanille-extract
- 1 theelepel citroenschil, geraspt
- Snufje gemalen kaneel
- ½ kopje verse bosbessen

INSTRUCTIES:
a) Voeg in een grote kom alle ingrediënten behalve bosbessen toe en mix tot alles goed gemengd is.
b) Spatel voorzichtig de bosbessen erdoor.
c) Vet een muffinvorm met 6 kopjes in.
d) Doe het mengsel in voorbereide muffinvormpjes voor ongeveer ¾ vol.
e) Druk op de AIR OVEN MODE-knop van de Air Fryer Oven en draai aan de knop om de "Bakken"-modus te selecteren.
f) Druk op de TIME/SLICES-knop en draai opnieuw aan de knop om de bereidingstijd in te stellen op 12 minuten.
g) Druk nu op de TEMP/SHADE-knop en draai aan de draaiknop om de temperatuur in te stellen op 375 °F.
h) Druk op de "Start/Stop"-knop om te starten.
i) Wanneer het apparaat piept om aan te geven dat het is voorverwarmd, opent u de ovendeur.
j) Schik de muffinvorm op het rooster en plaats in de oven.
k) Wanneer de kooktijd is verstreken, opent u de ovendeur en plaatst u de muffinvormpjes op een rooster om ongeveer 10 minuten af te koelen.
l) Keer de muffins voorzichtig om op het rooster om volledig af te koelen voordat u ze serveert.

34. Bosbessen vetbommen

Maakt: 6

INGREDIËNTEN:
- 5 eetlepels boter
- 3 eetlepels kokosolie
- 2 eetlepels suikervrije bosbessensiroop
- 2 eetlepels cacaopoeder

INSTRUCTIES:
a) Kook alle ingrediënten in een pan op laag vuur, onder voortdurend roeren, tot alles goed gemengd is. Giet het mengsel in siliconen vormpjes en zet minimaal 3 uur in de vriezer.
b) Dienen.

35. Makkelijke Choco Blueberry Fat Bombs

Maakt: 12

INGREDIËNTEN:
- 5 eetlepels. boter
- 3 eetlepels. kokosnootolie
- 2 eetlepels. suikervrije bosbessensiroop
- 2 eetlepels. cacaopoeder

INSTRUCTIES:
a) Kook alle ingrediënten in een pan op laag vuur tot alles goed gemengd is.
b) Giet het mengsel in een siliconen vorm en plaats deze minimaal 3 uur in de vriezer.

36. **Bosbessen Pierogi**

Merken: 48-50

INGREDIËNTEN:
VOOR HET DEEG
- 2 kopjes (500 g) bloem voor alle doeleinden
- 1 kopje hete plantaardige melk
- 1 theelepel zout

VOOR DE BOSBESSENVULLING
- 2 kopjes bosbessen / bosbessen
- 1 eetlepel bloem voor alle doeleinden

TOPPING
- gezoete room, 12% of 18%
- een snufje glazuur/poedersuiker, om te strooien

INSTRUCTIES:
VOOR HET DEEG
a) Zeef de bloem en prik een gaatje in het midden van de bloemkoepel. Giet een kleine hoeveelheid hete plantaardige melk bij het mengsel en roer het erdoor. Kneed snel en voeg zo nodig plantaardige melk toe om een zacht, elastisch deeg te krijgen.
b) Scheid het deeg in verschillende stukken. Rol op een met bloem bestoven aanrecht het eerste deel van het deeg uit.
c) Rol het deeg met de deegroller uit tot een dunne plak. Gebruik een glas of een cirkelsnijder om het deeg te snijden.

VOOR DE BOSBESSENVULLING
d) Spoel verse bosbessen af onder koud stromend water.
e) Haal bevroren bessen uit de vriezer net voordat je pierogi gaat maken (dumplings zijn gemakkelijker te maken met bevroren fruit)
f) Droog op keukenpapier, spreid uit op een dienblad en bestuif met 1 eetlepel bloem.
g) Leg in het midden van elke deegcirkel een theelepel bosbessen. Vouw het deeg over de vulling en vouw de randen samen. Ga door tot het deeg en de bosbessen op zijn.

AFRONDEN
h) Breng in een pan gezouten water aan de kook. Zet het vuur laag en houd het daar.
i) Voeg de knoedels toe en kook 5-6 minuten, of tot ze boven komen drijven.
j) Bereid ondertussen wat gezoete room. Doe wat room in een mengkom, voeg wat glazuur/poedersuiker toe en roer alles door elkaar. Neem een hap en kijk of het zoet genoeg is. Als het niet zoet genoeg is, voeg dan meer suiker toe en probeer het opnieuw.
k) Haal de pierogi met een schuimspaan uit de pan. Serveer op borden met een klodder gezoete room erop.

37. **Bosbessen en roomkoekjes**

Maakt: 12 tot 17 koekjes

INGREDIËNTEN:
- 225 g boter, op kamertemperatuur [16 eetlepels (2 stokjes)]
- 150 g kristalsuiker [¾ kopje]
- 150 g lichtbruine suiker [¼ kop stevig verpakt]
- 100 g glucose [¼ kopje]
- 2 eieren
- 320 g bloem [2 kopjes]
- 2 g bakpoeder [½ theelepel]
- 1,5 g zuiveringszout [¼ theelepel]
- 6 g koosjer zout [1½ theelepel]
- ½ portie Melk Kruimel
- 130 g gedroogde bosbessen [¾ kopje]

INSTRUCTIES:
a) Combineer de boter, suikers en glucose in de kom van een keukenmixer met de paddle-bevestiging en room op middelhoog vuur gedurende 2 tot 3 minuten. Schraap de zijkanten van de kom schoon, voeg de eieren toe en klop 7 tot 8 minuten.
b) Verlaag de mixersnelheid naar laag en voeg de bloem, bakpoeder, bakpoeder en zout toe. Meng tot het deeg samenkomt, niet langer dan 1 minuut. (Loop tijdens deze stap niet weg van de machine, anders loop je het risico het deeg te veel te mengen.) Schraap met een spatel langs de zijkanten van de kom.
c) Nog steeds op lage snelheid, voeg de melkkruimels toe en mix tot ze zijn opgenomen, niet langer dan 30 seconden. Klop de melkkruimels met de gedroogde bosbessen en meng ze gedurende 30 seconden.
d) Gebruik een 2¾-ounce ijslepel (of een maatbeker van ⅓ kopje) en verdeel het deeg in een met bakpapier beklede bakplaat. Dep de bovenkant van de koekjesdeegkoepels plat. Wikkel de bakvorm stevig in plasticfolie en zet hem minimaal 1 uur of maximaal 1 week in de koelkast. Bak uw koekjes niet op kamertemperatuur - ze zullen niet goed bakken.
e) Verwarm de oven tot 350 ° F.

f) Leg het gekoelde deeg minimaal 4 inch uit elkaar op met perkament of Silpat beklede bakplaten. Bak gedurende 18 minuten. De koekjes zullen blazen, knetteren en zich verspreiden. Na 18 minuten zouden ze heel lichtbruin aan de randen moeten zijn, maar nog steeds heldergeel in het midden; geef ze een extra minuut of zo als dat niet het geval is.

g) Laat de koekjes volledig afkoelen op de bakplaten voordat u ze op een bord of in een luchtdichte container plaatst voor opslag. Bij kamertemperatuur blijven de koekjes 5 dagen vers; in de vriezer zijn ze 1 maand houdbaar.

38. Bosbessen/maïs beignets

Maakt: 6 Portie

INGREDIËNTEN:
- ⅔ kopje bloem
- ⅓ kopje Maïzena
- 2 eetlepels Suiker
- 1 theelepel bakpoeder
- ½ theelepel Zout
- ¼ eetlepel Nootmuskaat, gemalen
- ⅓ kopje melk
- 2 Ei, gescheiden
- Plantaardige olie
- 1½ kopje bosbessen
- Banketbakkerssuiker en Honing

INSTRUCTIES:
a) Roer in een middelgrote kom bloem, maizena, suiker, bakpoeder, zout en nootmuskaat door elkaar.
b) Roer in een maatbeker van 2 kopjes melk, eidooiers en olie door elkaar. Giet in het bloemmengsel. Goed mengen. Het beslag zal stijf zijn. Roer de bosbessen erdoor. Opzij zetten.
c) Klop in een kleine kom met de mixer op de hoogste stand de eiwitten totdat zich stijve pieken vormen. Spatel met een rubberen spatel voorzichtig de helft van het opgeklopte eiwit door het beslag tot het goed gemengd is. Spatel dan de resterende opgeklopte eiwitten door het beslag,
d) Voeg voorzichtig het beignetsbeslag met eetlepels, een paar tegelijk, toe aan de hete olie. Bak 3-4 minuten, één keer keren, of tot de beignets goudbruin zijn.

39. Bosbessen Crumb Bars

INGREDIËNTEN:
- 1½ kopje suiker
- 3 kopjes ongebleekt bloem voor alle doeleinden
- 1 theelepel bakpoeder
- ¼ theelepel zout
- schil van één citroen
- 1 groot ei
- 8 ons koude, ongezouten boter, in vieren gesneden
- 4 theelepels maïzena
- 1 pint bosbessen

INSTRUCTIES:
a) Verwarm de oven voor op 375°F en beboter een pan van 13 x 9 inch.
b) Meng in een grote kom 1 kopje suiker met de bloem en het bakpoeder. Voeg het zout en de citroenrasp toe.
c) Voeg vervolgens het ei en de boter toe tot een kruimelig deeg. Het was erg moeilijk om met mijn lepel te mengen (Deb raadde een vork aan - wie weet waarom ik niet luisterde), wat nog moeilijker werd omdat ik niet veel ruimte had om in mijn kom te groeven. De boter is iets gemakkelijker te verwerken als hij iets zachter wordt, hoewel het deeg op deze manier een beetje plakkerig wordt.
d) Druk de helft van het deeg in een gelijkmatige laag in de pannen.
e) Meng in een aparte kom de resterende ½ kopje suiker, maïzena en het sap van een citroen.
f) Spatel de bosbessen door het maizenamengsel. (Deb zei in haar post dat bevroren bosbessen net zo goed werken.)
g) Verdeel de met maïzena bedekte bosbessen in een gelijkmatige laag in de pan.
h) Verkruimel het resterende deeg over de bovenkant van de bosbessen.
i) Bak ze 45 minuten, tot de bovenkant bruin is. Laat de crumble volledig afkoelen voordat je hem in stukjes snijdt.

40. Citroen & Bosbessen Karnemelk Cupcakes

INGREDIËNTEN:
- 1⅓ kopjes gewone glutenvrije meelmix
- 2 eetlepels gemalen amandelen
- ⅔ Kopje Suiker
- 1½ theelepel glutenvrij bakpoeder
- ⅛ theelepel natriumbicarbonaat
- ½ theelepel xanthaangom
- 4 eetlepels boterachtige zonnebloemspread
- 1 Vrije Uitloop Ei
- ½ Kop Karnemelk
- ½ kopje halfvolle (2% vetarme) melk
- 1 Citroen, schil en sap, verdeeld
- ¾ kopje verse of ontdooide, bevroren bosbessen
- ⅛ theelepel Zeezout
- 1 kopje poedersuiker

INSTRUCTIES:

a) Verwarm de oven voor op 350F. Bekleed 2 muffinvormpjes met 12 cupcakepapiertjes.

b) Smelt de boterachtige spread in een kleine steelpan en laat iets afkoelen. Klop in een kan het ei, de karnemelk, de melk, de fijngeraspte schil van de citroen en de gesmolten spread door elkaar.

c) Als je ontdooide diepgevroren bosbessen gebruikt, dep ze dan goed droog op keukenpapier.

d) Leg er 12 apart om de afgewerkte cakes te versieren, doe de rest in een kleine kom en meng met 1 eetlepel bloem.

e) Combineer de bloem, gemalen amandelen, suiker, bakpoeder, frisdrank, xanthaangom en zout in een staande of handmixer.

f) Maak een kuiltje in het midden van het droge mengsel en giet het karnemelk/eimengsel erin. Meng op lage snelheid tot alles goed gemengd is.

g) Voeg de bosbessen toe en mix opnieuw op lage snelheid tot ze gecombineerd zijn. Schep het beslag in voorbereide cakepapiertjes.

h) Bak 15-20 minuten of tot de cupcakes terugveren als je ze lichtjes in het midden aanraakt.

i) Haal uit de oven en laat afkoelen op roosters.

j) Pers de citroen uit. Doe de suikerglazuur (poeder)suiker in de kan en voeg voldoende citroensap toe om het te laten slinken tot een dikke, roomachtige consistentie.

k) Gebruik een theelepel om over de cupcakes te verdelen en versier met de achtergehouden bosbessen.

41. Fruitsnack Met Zeemos

Maakt: 12 porties

INGREDIËNTEN:
- 4 kopjes verse bosbessen
- 2 eetlepels chiazaad, gemalen
- 1 theelepel kaneel
- 1 theelepel dadelpasta
- 1 theelepel citroensap
- 1 eetlepel vanille-extract
- ½ kopje Zeemosgel

INSTRUCTIES:
a) Maal de chiazaden in een kruidenmolen tot poeder.

b) Combineer alle ingrediënten in een krachtige blender tot een gladde massa. Zet 10 minuten opzij zodat de chiazaadjes de puree kunnen indikken.

c) Verdeel het mengsel heel dun voor de dehydrator of een zeer lage oven en laat het ongeveer 16 uur drogen, waarbij je de wrap halverwege omdraait.

d) Snijd naar wens, rollend met vetvrij papier zoals afgebeeld.

HOOFDGERECHT

42. Aardbeien/Bosbessensoep

Maakt: 4

INGREDIËNTEN:
- 1 pond verse aardbeien of bosbessen, goed schoongemaakt
- 1 ¼ kopjes water
- 3 eetlepels veganistische gegranuleerde zoetstof
- 1 Eetlepel vers citroensap
- ½ kopje soja- of rijstkoffiecreamer
- Optioneel: 2 kopjes gekookte, gekoelde noedels

INSTRUCTIES:
a) Combineer het fruit in een middelgrote pan met het water en breng het snel aan de kook.
b) Zet het vuur laag, dek af en kook gedurende 20 minuten, of tot het fruit heel zacht is.
c) Mix in een blender tot een gladde massa. Doe de puree terug in de pan en roer de suiker, het citroensap en de creamer erdoor. Laat na het roeren 5 minuten sudderen.
d) Koel de soep voor het serveren minimaal 2 uur.
Deze soep wordt traditioneel op zichzelf of met koude noedels geserveerd.

43. Bosbessenrisotto met boletus

Maakt: 4 Porties

INGREDIËNTEN:
- 8¾ ounce verse boletus, in plakjes
- 1 kleine ui; fijn gesneden
- ¾ ons boter
- 5 ons Risotto-rijst; ongepolijst
- 5½ ounce Bosbessen
- ¼ kopje witte wijn; droog
- 1¾ kopje Bouillon
- ¼ kopje Olijfolie
- 1 Takje tijm
- 1 teentje knoflook; gepureerd
- 2 ons boter

INSTRUCTIES:
a) Verhit de boter in een pan en fruit de ui. Roer de rijst en de bosbessen erdoor, bak kort mee.
b) Bevochtig met wijn, kook tot het is opgenomen; bevochtig met bouillon en kook tot ze zacht zijn.
c) Roer continu, voeg eventueel wat bouillon toe. Kruid met peper en zout.
d) Verhit de olie in een koekenpan, fruit de champignons, knoflook en tijm. Roer de boter door de risotto.
e) Breng over naar warme borden en versier met champignons.

44. Stoofpotje van wild zwijn met bosbessen

INGREDIËNTEN:
- 1 kilo wild zwijn (in blokjes, schouder of poot)
- 1 ½ eetlepel plantaardige olie
- 1 ui (fijn gesneden)
- 2 wortelen
- 1 Sinaasappel (biologisch)
- 1 teentje knoflook
- 1 kruidnagel
- 1 kaneelstokje
- 4 jeneverbessen
- 2 snufjes nootmuskaat
- 2 laurierblaadjes
- 2 eetlepels cognac
- rode wijn (1 liter.)
- 4 eetlepels runderbouillon
- 2 eetlepels bosbessenjam
- 200 gram verse bosbessen
- 2 eetlepels bloem (optioneel)
- kippen bouillon

INSTRUCTIES:
a) Bak de blokjes vlees in een pan met de olie bruin, haal het vlees eruit en zet opzij.
b) Fruit in dezelfde pan de uien (in dunne plakjes) en wortelen.
c) Voeg de sinaasappelschil, geplette knoflook, kruidnagel, kaneelstokje en jeneverbessen toe, breng op smaak met zout en peper, bestrooi met nootmuskaat en voeg het bouquet garni toe.
d) Doe het vlees terug in de pan en voeg de cognac toe, indien gewenst geflambeerd.

45. Pizza met Aardappel, Ui en Chutney

INGREDIËNTEN:
- Bloem voor alle doeleinden om de pizzaschil te bestrooien
- 1 zelfgemaakt deeg
- 12 ons kokende aardappelen, zoals Ierse schoenmakers, geschild
- 6 eetlepels bosbessenchutney
- chutney
- 6 ons Monterey Jack, geraspt
- 3 eetlepels gehakte dilleblaadjes
- 1 grote zoete ui, zoals een Vidalia

INSTRUCTIES:
a) Vers deeg op een pizzasteen. Bestuif een pizzaschep lichtjes met bloem. Voeg het deeg toe en vorm er een grote cirkel van door er met je vingertoppen kuiltjes in te maken. Pak het op, houd de rand vast en draai het langzaam, terwijl je het de hele tijd uitrekt, totdat het ongeveer 14 inch in diameter is. Leg het deeg met de bebloemde kant naar beneden op de schil.
b) Vers deeg op een pizzaplaat. Vet de bakplaat of bakplaat in met anti-aanbakspray. Leg het deeg in het midden van een van beide kuiltjes in het deeg met uw vingertoppen totdat het een dikke, afgeplatte cirkel is - trek en druk dan op het deeg totdat het een cirkel van 14 inch vormt op de bakplaat of een onregelmatige rechthoek van 12 × 7 inch op de bakplaat. bakplaat.
c) Een gebakken korst. Leg het op een pizzaschep als je een pizzasteen gebruikt, of plaats de gebakken korst op een pizzaplaat. Breng terwijl de oven of grill opwarmt ongeveer 2,5 cm water aan de kook in een grote pan met een groentestomer. Voeg de aardappelen toe, dek af, zet het vuur laag en stoom tot ze gaar zijn als je er met een vork in prikt, ongeveer 10 minuten. Breng over naar een vergiet in de gootsteen en laat 5 minuten afkoelen, en snijd dan in zeer dunne rondjes.
d) Verdeel de chutney gelijkmatig over de voorbereide korst en laat een rand van ongeveer 1 /2-inch over aan de rand. Top gelijkmatig met de geraspte Monterey Jack. Verdeel de aardappelschijfjes gelijkmatig en decoratief over de taart en

bestrooi ze met de dille. Snijd de ui doormidden door de steel. Leg het met de snijkant naar beneden op je snijplank en gebruik een heel scherp mes om flinterdunne plakjes te maken. Scheid deze plakjes in hun individuele reepjes en leg deze over de taart.

e) Schuif de taart van de schil naar de zeer hete steen, zorg ervoor dat de toppings op hun plaats blijven of plaats de taart op de bakplaat of bakplaat in de oven of op het deel van het grillrooster dat niet direct boven het vuur staat bron.

f) Bak of grill met gesloten deksel tot de korst lichtbruin is aan de rand, nog donkerder bruin aan de onderkant, 16 tot 18 minuten. Als er luchtbellen ontstaan aan de rand of in het midden van vers deeg, prik deze dan los met een vork om een gelijkmatige korst te krijgen.

g) Schuif de schil terug onder de hete taart op de steen of leg de taart op de bakplaat of bakplaat op een rooster. Zet 5 minuten opzij om af te koelen alvorens te snijden en te serveren.

46. Salade van bosbessen, mandarijn, wortelen en rucola in een pot

Maakt: 2

INGREDIËNTEN:
- ½ kopje bosbessen
- 2 mandarijnen, geschild en in partjes gesneden
- ½ kopje julienned wortelen
- 1 kopje rucola

DRESSING:
- 1 eetlepel olijfolie
- 1 eetlepel vers citroensap en snufje zeezout

INSTRUCTIES:

a) Zet de ingrediënten in deze volgorde: dressing, wortelen, bosbessen, stukjes mandarijn en rucola.

47. Kip, Bosbessen & Avocado Salade

Maakt: 2

INGREDIËNTEN:
- 1 kop in blokjes gesneden gegrilde kip
- ½ kopje aardbeien
- ½ kopje bosbessen
- 1 kopje spinazie
- ½ avocado

DRESSING:
- 1 eetlepelolijfolie
- 1 eetlepel vers citroensap
- snufje zwarte peper
- snufje zeezout
- 1 eetlepelhennepzaden

INSTRUCTIES:

a) Zet de ingrediënten in deze volgorde: Dressing, kip, aardbeien, bosbessen, avocado en spinazie.

48. Kip, Bosbessen, Ricotta & Aardbeien Salade

Maakt: 2

INGREDIËNTEN:
- 1 kop gegrilde kip
- ½ kopje Aardbeien
- 1 bakje sla
- ½ kopje bosbessen
- ½ kopje gesneden ricotta

DRESSING:
- 1 eetlepel olijfolie of avocadoolie
- 1 eetlepel vers citroensap
- snufje zwarte peper
- snufje zeezout

INSTRUCTIES:
a) Meng alle ingrediënten behalve sla en serveer op het bedje sla.

49.   Quinoa, Groene Erwten, Asperges & Radijs Salade

Maakt: 2

INGREDIËNTEN:
- 1 kopje gekookt quinoa
- ½ kopje gehakte radijs
- ½ kopje bosbessen
- 1 kopje groene erwten gemengd met chiazaden
- ½ kopje asperges

DRESSING:
- 1 eetlepel olijfolie of zwartkomijnolie
- 1 eetlepel vers citroensap
- snufje zwarte peper
- snufje zeezout

INSTRUCTIES:
a) Meng alle ingrediënten.

50. Quinoa, Spinazie, Bosbessen & Aardbeien Salade

Maakt: 2

INGREDIËNTEN:
- 1 kopje gekookt quinoa gemengd met 1 eetlepel gemalen vlaszaden
- ½ kopje aardbeien
- ½ kopje bosbessen
- 1 kopje spinazie
- ½ gesneden wortel

DRESSING:
- 1 eetlepel olijfolie
- 1 eetlepel vers citroensap
- snufje zwarte peper
- snufje zeezout
- een snufje zwarte komijnzaadjes

INSTRUCTIES:
a) Meng alle ingrediënten.

51. <u>**Bessen Quinoa Salade**</u>

INGREDIËNTEN:
CITRUSHONING DRESSING:
- 1 theelepel sinaasappelschil
- 4 eetlepels vers sinaasappelsap
- 2 eetlepels vers citroensap
- 1 eetlepel vers limoensap
- 1 eetlepel honing
- 1 theelepel fijngehakte munt
- 1 theelepel fijngehakte basilicum

SALADE:
- 2 kopjes gekookte rode quinoa
- 1 ½ kopje aardbeien in tweeën gesneden
- 1 kopje frambozen
- 1 kopje bramen
- 1 kopje bosbessen
- 1 kopje gehakte Honing Geroosterde Kaneel Amandelen
- 1 eetlepel fijngehakte munt
- 1 eetlepel fijngehakte basilicum

INSTRUCTIES:
a) **Voor de dressing:** Klop in een kleine kom de sinaasappelschil, sinaasappelsap, citroensap, limoensap, honing, munt en basilicum. Opzij zetten.

b) Combineer gekookte quinoa, aardbeien, frambozen, bramen, bosbessen, amandelen, munt en basilicum in een grote kom.

c) Sprenkel de dressing over de salade en roer weer voorzichtig door. Dienen.

52. Kip, Bosbessen & Avocado Salade

Maakt: 2

INGREDIËNTEN:
- 1 kop in blokjes gesneden gegrilde kip
- ½ kopje aardbeien
- ½ kopje bosbessen
- 1 kopje spinazie
- ½ avocado

DRESSING:
- 1 eetlepelolijfolie
- 1 eetlepel vers citroensap
- snufje zwarte peper
- snufje zeezout
- 1 eetlepelhennepzaden

INSTRUCTIES:
a) Zet de ingrediënten in deze volgorde: Dressing, kip, aardbeien, bosbessen, avocado en spinazie.

NAGERECHT

53. Krokant van bosbessen en perzik

Maakt: 8

INGREDIËNTEN:
- 6 kopjes verse perziken, geschild en in plakjes
- 2 kopjes verse bosbessen
- ⅓ kopje plus ¼ kopje lichtbruine suiker (apart houden)
- 2 eetlepels amandelmeel
- 2 theelepels kaneel, verdeeld
- 1 kopje snelkokende haver
- 3 eetlepels maisolie margarine

INSTRUCTIES:
a) Verwarm de oven voor op 350 graden Fahrenheit.
b) Combineer bosbessen en perziken in een ovenschaal.
c) Combineer ⅓ kopje bruine suiker, bloem en 1 theelepel kaneel.
d) Gooi de perziken en bosbessen erdoor om te combineren.
e) Meng de havermout, de resterende bruine suiker en de resterende kaneel.
f) Snijd de margarine tot kruimels en strooi over het fruit.
g) Bak gedurende 25 minuten.

54. **Bosbessen Citroencake**

Maakt: 4

INGREDIËNTEN:
VOOR DE TAART:
- ⅔ kopje amandelmeel
- 5 eieren
- ⅓ kopje amandelmelk, ongezoet
- ¼ kopje erythritol
- 2 theelepel vanille-extract
- Sap van 2 citroenen
- 1 theelepel citroenschil
- ½ theelepel zuiveringszout
- Snufje zout
- ½ kopje verse bosbessen (½ mager)
- 2 eetlepels boter, gesmolten

VOOR HET FROSTEN:
- ½ kopje slagroom
- Sap van 1 citroen
- ⅛ kopje erythritol

INSTRUCTIES:
a) Verwarm de oven voor op 350F
b) Voeg in een kom het amandelmeel, de eieren en de amandelmelk toe en meng goed tot een gladde massa.
c) Voeg de erythritol, een snufje zout, zuiveringszout, citroenschil, citroensap en vanille-extract toe. Meng en combineer goed.
d) Spatel de bosbessen erdoor.
e) Gebruik de boter om de springvorm in te vetten.
f) Giet het beslag in de ingevette bakvormen. Leg op een bakplaat voor gelijkmatig bakken. Zet in de oven om te bakken tot ze gaar zijn in het midden en lichtbruin aan de bovenkant, ongeveer 35 tot 40 minuten.
g) Laat afkoelen voordat je het uit de pan haalt. Meng de erythritol, citroensap en slagroom. Goed mengen.
h) Giet glazuur erop. Dienen.

55. Bosbessen lavendel cranberry crisp

Maakt: 6-8

INGREDIËNTEN:
- 3 kopjes bosbessen
- 1 kopje veenbessen
- ½ theelepel verse lavendelbloemen
- ¾ kopje suiker
- 1-½ kopje gemalen havermout Graham crackers
- ½ kopje bruine suiker
- ½ kopje gesmolten boter
- ½ kopje gesneden amandelen

INSTRUCTIES:
a) Verwarm de oven voor op 350 graden F.
b) Combineer bosbessen, veenbessen, lavendelbloemen en suiker.
c) Meng goed en giet in een 8 x 8-inch bakblik.
d) Combineer geplette crackers, bruine suiker, gesmolten boter en gesneden amandelen.
e) Verkruimel over de bovenkant van de vulling.
f) Bak gedurende 20 tot 25 minuten, tot de vulling bubbelt.
g) Koel minstens 15 minuten voor het opdienen.

56. **Bosbessen Handtaarten**

Maakt: 8

INGREDIËNTEN:
- 1 kopje bosbessen
- 2½ eetlepel basterdsuiker
- 1 theelepel citroensap
- 1 snufje zout
- 320g gekoelde taartbodem
- Water

INSTRUCTIES:
a) Combineer de bosbessen, suiker, citroensap en zout in een middelgrote mengkom.
b) Rol de taartbodems uit en steek er 6-8 afzonderlijke cirkels uit.
c) Leg in het midden van elke cirkel ongeveer 1 lepel bosbessenvulling.
d) Maak de randen van het deeg nat en vouw het over de vulling zodat er een halve maan ontstaat.
e) Druk de randen van de taartbodem voorzichtig samen met een vork. Snijd vervolgens op de bovenkant van de handtaarten drie spleten.
f) Spuit bakolie over de handtaarten.
g) Leg ze op de Sear Plate.
h) Zet de Airfryer Oven aan en draai aan de knop om "Bakken" te selecteren.
i) Selecteer de timer voor 20 minuten en de temperatuur voor 350 °F.
j) Wanneer het apparaat piept om aan te geven dat het is voorverwarmd, opent u de ovendeur en plaatst u de schroeiplaat in de oven.
k) Laat twee minuten afkoelen alvorens te serveren.

57. **Bosbessen karnemelk taart**

Maakt: 1 portie

INGREDIËNTEN:
SCHELP
- 1½ kopje bloem voor alle doeleinden
- ¼ kopje suiker
- ¼ theelepel Zout
- ¼ pond Koude boter; stukjes gesneden
- 1 groot ei; klop met
- 2 eetlepels ijswater
- Rauwe rijst; voor weegschalen

KARNEMELK VULLING
- 1 kop Karnemelk
- 3 grote eidooiers
- ½ kopje suiker
- 1 eetlepel Citroenschil; rooster
- 1 eetlepel Vers citroensap
- ½ Stick ongezouten boter; smelten, afkoelen
- 1 theelepel vanille
- ½ theelepel Zout
- 2 eetlepels bloem voor alle doeleinden
- 2 kopjes bosbessen; liever kiezen
- Banketbakkerssuiker

INSTRUCTIES:
SCHELP
a) Roer in een kom bloem, suiker en zout door elkaar. Voeg boter toe en mix tot het mengsel lijkt op een grove maaltijd. Voeg het dooiermengsel toe, meng tot de vloeistof is opgenomen en vorm het deeg tot een schijf. Bestuif het deeg met bloem en laat het, gewikkeld in plasticfolie, 1 uur rusten. Rol het deeg ⅛ "dik uit op een met bloem bestoven oppervlak en plaats het in een 10" taartvorm met een verwijderbare geribbelde rand.
b) Koel de schaal minstens 30 minuten of, afgedekt, een nacht.
c) Verwarm de oven voor op 350 graden.

d) Bekleed de schaal met folie en vul deze met rijst. Bak de schaal in het midden van de oven in 25 minuten gaar.

e) Verwijder folie en rijst voorzichtig en bak de schaal nog 5 minuten, of tot licht goudbruin. Koele schaal in pan op een rek.

VULLING

f) Mix de ingrediënten voor de vulling in een blender of processor tot een gladde massa. Verdeel de bosbessen gelijkmatig over de bodem van de schaal.

g) Giet karnemelkvulling over bosbessen en bak in het midden van de oven gedurende 30 tot 35 minuten of tot ze net gestold zijn.

h) Verwijder de rand van de pan en laat de taart helemaal afkoelen in de pan op het rooster. Zeef de banketbakkerssuiker over de taart en serveer op kamertemperatuur of gekoeld met bosbessenijs.

58. Havermout Soufflé

Maakt: 4

INGREDIËNTEN:
- 1 kop extra dikke gerolde haver
- 3 kopjes volle melk
- 2 eetlepels turbinado-suiker
- Snufje koosjer zout
- 3 grote eieren, gescheiden
- 2 kopjes gemengde frambozen en bosbessen
- ½ theelepel fijn geraspte citroenschil
- Banketbakkerssuiker, om te bestrooien
- Pure ahornsiroop, om te serveren

INSTRUCTIES:
a) Verwarm de oven voor op 350 °. Beboter een ovenschaal van 2 liter.
b) Meng in een grote pan de haver, melk, turbinado-suiker en zout en breng aan de kook.
c) Kook op matig vuur, af en toe roerend tot het ingedikt is tot een papconsistentie, ongeveer 15 minuten. Haal van het vuur; laat iets afkoelen.
d) Roer snel de eidooiers door de havermout tot ze goed gemengd zijn.
e) Vouw 1 kopje bessen en de citroenschil erdoor.
f) Klop in een grote kom met een handmixer de eiwitten op gemiddelde snelheid tot er middelstijve pieken ontstaan, ongeveer 3 minuten. Spatel de blanken voorzichtig door de havermout totdat ze gecombineerd zijn.
g) Schraap het mengsel in de voorbereide schaal en bak ongeveer 30 minuten, tot het goudbruin en gepoft is.
h) Bestuif met banketbakkerssuiker en serveer warm met de resterende 1 kop bessen en ahornsiroop, indien gewenst.

59. Bosbessen- en vanille-ijs

Ongeveer 6 porties

INGREDIËNTEN:
- 175g/6 oz bosbessen, gespoeld en uitgelekt
- 40 g basterdsuiker of kristalsuiker
- 284 ml pak slagroom, gekoeld
- 1 eetlepel vanille-extract
- 225 g/8 oz kant-en-klare custard, gekoeld

INSTRUCTIES:
a) Doe de bosbessen in een kleine steelpan en strooi de suiker erover. Verwarm zachtjes, af en toe roerend, tot de sappen uit de bosbessen lopen en aan de kook komen.
b) Laat 2-3 minuten zachtjes sudderen tot het fruit heel zacht is.
c) Druk het bosbessenmengsel door een zeef en gooi de zaadjes weg. Laat de puree afkoelen en zet hem vervolgens in de koelkast tot hij afgekoeld is.
d)
e) Doe de room in een grote kan en klop totdat deze voldoende is ingedikt om slierten op het oppervlak te vormen (het mag geen pieken vormen).
f) Roer de vanille, custard en braambessenpuree erdoor.
g) Doe het mengsel in de ijsmachine en vries in volgens de instructies.
h) Breng over in een geschikte container en vries in tot gebruik.

60. **Bosbessensorbet**

INGREDIËNTEN:
- 2 pinten verse bosbessen geplukt maar niet gewassen
- 2 ½ kopjes suiker
- Sap van 2 citroenen
- 1¼ kopjes koud water

INSTRUCTIES:
a) Pureer bessen met suiker, citroensap en water.
b) Giet in de ijsmachine en vries volgens de instructies in - tot het glad en bevroren is.
c) Om de fruitsmaak te behouden, dezelfde dag serveren.

61. __Gemengde bessensorbet__

INGREDIËNTEN:
- 3 kopjes gemengde bessen
- 1 kopje suiker
- 2 kopjes water
- Sap van 1 limoen
- ½ theelepel koosjer zout

INSTRUCTIES:

a) Meng in een kom alle bessen en de suiker. Laat de bessen 1 uur bij kamertemperatuur macereren, totdat ze hun sap vrijgeven.

b) Doe de bessen en hun sap in een blender of keukenmachine en voeg het water, limoensap en zout toe. Pulseer tot alles goed gemengd is. Breng over naar een container, dek af en zet in de koelkast tot het koud is, minimaal 2 uur of maximaal een nacht.

c) Bevriezen en draaien in een ijsmachine volgens de instructies van de fabrikant. Serveer de sorbet meteen voor een zachte consistentie; voor een stevigere consistentie, doe het in een bak, dek af en laat 2 tot 3 uur in de vriezer uitharden.

62. Bosbessen Cheesecake-ijs

Maakt: 12 porties

INGREDIËNTEN:
- 12 oz roomkaas, kamertemperatuur
- ½ eetlepel zout
- 1 kopje ongezoete amandelmelk, kamertemperatuur
- ¼ kopje mascarpone, kamertemperatuur
- 2 eetlepels vanille
- 1 eetlepel citroenextract of -sap
- ¼ kopje zure room, kamertemperatuur
- 1 kopje Swerve-zoetstof
- 1 kopje bosbessen

INSTRUCTIES

a) Bereid en assembleer uw ingrediënten. Als je model aanbeveelt, vries dan de mengkom van de ijsmachine minimaal 24 uur voor. Roomkaas, mascarpone, amandelmelk en zure room moeten allemaal op kamertemperatuur zijn.

b) Meng de roomkaas in een mixer met een peddelbevestiging tot een gladde massa. Regelmatig de kom afschrapen

c) Voeg suiker en zout toe terwijl de mixer draait, mix tot de ingrediënten gecombineerd en glad zijn. Voeg mascarpone toe, mix tot gecombineerd en het mengsel is glad.

d) Voeg langzaam melk, vanille, citroen en zure room toe.

e) Giet het mengsel in een kom en zet het minstens 2 uur of een nacht in de koelkast. Het moet goed gekoeld zijn.

f) Hak de bosbessen fijn in een keukenmachine of hak ze grof met een mes. Een mengsel dat deels grof en deels glad is, is perfect. Koel bosbessen minimaal 2 uur of een nacht in de koelkast.

g) Volg de instructies van de fabrikant voor het maken van ijs. Het model dat we hebben gebruikt, wordt geleverd met een diepvrieskom die 24 uur voorgevroren is in de vriezer. Geen zout en ijs nodig.

h) Stel uw ijsmachine in volgens de instructies van de fabrikant en zet hem aan. Giet het mengsel in de diepvrieskom en mix tot het begint te verdikken, ongeveer 10 tot 15 minuten.

i) Voeg bosbessen toe en blijf nog 5 tot 10 minuten mixen tot het ijs begint te bevriezen en een zachte romige textuur heeft. Breng het ijs over in een luchtdichte container en vries nog een paar keer in tot het de gewenste consistentie heeft.

j) Als je klaar bent om te eten, laat je het ijs zacht worden op het aanrecht (indien nodig), schep het op en geniet ervan!

63. <u>Sous vide bosbessen-citroencompote</u>

Maakt: 6

INGREDIËNTEN:
- 2 kopjes verse bosbessen
- ½ kopje suiker
- Zest van 1 citroen
- 2 eetlepels citroensap
- 1 eetlepel boter

INSTRUCTIES:
a) Zet je sous vide op 185F/85C.
b) Meng in een grote kom de bosbessen, suiker, citroenschil en - sap en boter. Goed mengen.
c) Giet in een vacuüm afgesloten zak en dompel 2 uur onder in het waterbad.
d) Haal de zak uit het waterbad en giet in een kom. Roer en gebruik warm of in de koelkast voor later gebruik.

64. Bosbessen Granaatappel Ontbijtparfait

Maakt: 1

INGREDIËNTEN:
- Vetvrije Griekse yoghurt
- Honing
- Bosbessen
- Granaatappelzaadjes
- Muesli

INSTRUCTIES:
a) Sprenkel een klein beetje honing in de kop of kom waarin je de parfaits gaat serveren als je wilt dat het aan de buitenkant zichtbaar is.

b) Voeg een lepel yoghurt toe en top met een paar bosbessen, granaatappelpitjes en een lepel granola.

c) Voeg nog een lepel yoghurt toe, bedek met nog een scheutje honing en bedek met meer bosbessen, granaatappelpitjes en muesli. Je kunt zo vaak als nodig laagjes leggen om je serveerschaal te vullen.

d) Serveer onmiddellijk of bewaar koud tot gebruik.

65. <u>**Amaretto-ijs met kersen en bosbessen**</u>

Maakt: 4 kopjes

INGREDIËNTEN:
- 2 eetlepels suiker
- 2 eetlepels Amaretto
- 2 ½ kopjes verse Bing-kersen, ontpit
- ½ kopje verse bosbessen
- 2 eetlepels maïszetmeel
- 2 kopjes half om half, verdeeld
- ⅔ kopje suiker
- 1 eetlepel Amaretto
- ¼ theelepel zout

INSTRUCTIES:
a) Combineer suiker, Amaretto, kersen en bosbessen in een middelgrote kom. Laat 30-45 minuten staan, af en toe roeren. Voeg fruit met sappen toe aan een middelgrote pan en kook op middelhoog vuur, onder regelmatig roeren, tot het zacht is, ongeveer 15 minuten. Laat het fruit iets afkoelen, voeg het dan toe aan een keukenmachine en pureer tot het bijna glad is, laat een beetje textuur achter. Zet ⅓ kopje fruitmengsel opzij om in ijs te draaien; doe het resterende fruitmengsel terug in de pan.

b) Klop maïszetmeel en 3 eetlepels half en half samen in een kleine kom; opzij zetten. Voeg de resterende helft en de helft, suiker, Amaretto en zout toe aan een pan met fruitmengsel; breng aan de kook op middelhoog vuur terwijl je constant blijft kloppen. Klop het maïszetmeelmengsel erdoor. Breng aan de kook en kook nog 1 tot 2 minuten, roer tot het ingedikt is. Haal van het vuur en laat afkoelen tot kamertemperatuur, dek af en zet 6 uur in de koelkast.

c) Giet het gekoelde ijsmengsel in de bevroren cilinder van de ijsmachine; bevriezen volgens de instructies van de fabrikant.

d) Schep de helft van het ijsmengsel in een diepvriesbestendige bak, bedek met klodders van het fruitmengsel en herhaal. Wervel lagen samen met een houten spies. Vries het mengsel een nacht in tot het stevig is.

66. Bosbessen Maïsmeel Taart

Maakt: 16 Maakt: 2 9-inch taarten
INGREDIËNTEN:
Cake beslag:
- 3 kopjes bloem voor alle doeleinden
- 1 ½ kopje maïsmeel
- 1 eetlepel bakpoeder
- 1 theelepel zout
- 1 pond ongezouten boter, verzacht
- 3 kopjes witte suiker
- 8 eieren, op kamertemperatuur
- 1 ½ kopje zure room
- 1 eetlepel vanille-extract Bessen:
- ½ kopje ongezouten boter, verdeeld
- 1 kopje bruine suiker, verdeeld
- 6 kopjes verse bosbessen, verdeeld

INSTRUCTIES:
a) Verwarm de oven voor op 350 graden F (175 graden C).
b) Meng bloem voor alle doeleinden, maïsmeel, bakpoeder en zout samen in een kom.
c) Roer boter en suiker met een elektrische mixer tot een gladde massa. Klop de eieren een voor een erdoor en schraap de kom na elke toevoeging schoon. Voeg zure room en vanille toe; combineer tot een gladde massa. Voeg het bloemmengsel toe en meng tot het is opgenomen. Opzij zetten.
d) Verdeel boter tussen twee 9-inch gietijzeren pannen; smelt op middelhoog vuur, ongeveer 1 minuut. Voeg ½ van de bruine suiker toe aan elke pan; kook tot boter en suiker beginnen te borrelen, 2 tot 3 minuten. Verdeel de bosbessen over de twee pannen en haal ze van de kookplaat.
e) Verdeel het maïsmeelbeslag over de pannen; plaats elk op een bladpan.
f) Bak in de voorverwarmde oven tot een in het midden gestoken tandenstoker er schoon uitkomt, 45 tot 50 minuten.
g) Laat iets afkoelen, ongeveer 15 minuten. Ga met een mes langs de buitenranden van elke cake en keer hem om op een snijplank om te snijden.

67. **Rauwe bessenchips**

Maakt: 6-8

INGREDIËNTEN:
- 30 ons gemengde bessen (aardbeien, bosbessen, frambozen)
- 2 kopjes rauwe walnoten of rauwe pecannoten
- ¼ kopje ongekookte havermout
- 2 eetlepels ahornsiroop
- ¼ theelepel uienpoeder

INSTRUCTIES:
a)   Meng in een grote kom de gesneden aardbeien en andere gewassen bessen.
b)   Bereid de topping in een keukenmachine, pulseer alle ingrediënten tot ze net zijn gecombineerd.
c)   Voeg in een braadpan van 1,4 liter het grootste deel van het bessenmengsel toe, maar laat ongeveer een paar eetlepels over. Gelijkmatig verdelen.
d)   Giet nu het grootste deel van de topping over de bessen en bewaar een paar eetlepels.
e)   Strooi nu de resterende bessen erover en als laatste de rest van de topping.
f)   Serveer onmiddellijk of zet 1 uur in de koelkast.

68. **Bosbessen Taart**

Maakt: 4 Porties

INGREDIËNTEN:
- 2 kopjes verse bosbessen
- ⅓ bruine suiker
- 4 theelepels maïzena
- ½ kopje gesneden amandelen
- 2 eetlepels water
- 1 vel gekoelde taartbodem
- 1 eidooier, losgeklopt

INSTRUCTIES:
a) Verwarm de oven voor op 400 graden.
b) Meng in een grote kom de bosbessen, bruine suiker, maïzena en water.
c) Schep het bosbessenmengsel in het midden van de korst.
d) Vouw de 2-inch rand van de korst over het bosbessenmengsel en plooi de korst lichtjes.
e) Bestrijk de taart met het eigeel en verdeel de geschaafde amandelen erover.
f) Bak 20 minuten tot de korst goudbruin is.
g) Iets afkoelen voor het opdienen.

69. <u>**Kruimel van bessenmelk**</u>

Maakt: 2½ kopjes

INGREDIËNTEN:
- 1 portie Melk Kruimel
- 40 g gevriesdroogd kersenpoeder [½ kopje]
- 20 g gevriesdroogd bosbessenpoeder [¼ kopje]
- 0,5 g koosjer zout [⅛ theelepel]

INSTRUCTIES:
a) Gooi de melkkruimels met de bessenpoeders en het zout in een middelgrote kom tot alle kruimels gelijkmatig rood en blauw gespikkeld zijn, bedekt met het bessenpoeder.
b) De kruimels zijn in een luchtdichte verpakking in de koelkast of vriezer maximaal 1 maand houdbaar.

70. Appel Bosbes Walnoot Crisp

Maakt: 6 Porties

INGREDIËNTEN:
VULLING:
- 3 grote rode of gouden heerlijke appels (ongeveer 2 pond), geschild en in stukken van ½ inch gesneden (ongeveer 4 kopjes)
- 2 eetlepels verpakte bruine suiker
- 2 eetlepels volkoren meel
- 1 theelepel vanille-extract
- ½ theelepel gemalen kaneel
- ½ pint bosbessen (1 kop)

KRACHTIGE TOPPING:
- ¾ kopje walnoten, zeer fijngehakt
- ¼ kopje ouderwetse of snelkokende haver
- 2 eetlepels verpakte bruine suiker
- 2 eetlepels volkoren meel
- 2 eetlepels gemalen lijnzaad
- ½ theelepel gemalen kaneel
- ⅛ theelepel zout
- 2 eetlepels koolzaadolie

INSTRUCTIES:
a) Verwarm de oven voor op 400°F.
b) Combineer de appels, bruine suiker, bloem, vanille en kaneel in een grote kom en meng om te coaten. Schep voorzichtig de bosbessen erdoor. Plaats het appelmengsel in een ovenschaal van 8 x 8 inch en zet apart.
c) Om de topping te maken, combineer je de walnoten, haver, bruine suiker, volkorenmeel, lijnzaad, kaneel en zout in een middelgrote kom.
d) Voeg de koolzaadolie toe en roer tot de droge ingrediënten goed bedekt zijn.
e) Verdeel de topping gelijkmatig over het fruitmengsel.
f) Bak 40 tot 45 minuten, of tot het fruit zacht is en de topping goudbruin is (bedek met folie als de topping te snel bruin wordt).

71. **Blueberry Boy-aas**

INGREDIËNTEN:
- 2 kopjes All-purpose Flour
- 1 kopje suiker
- 2 theelepels bakpoeder
- ¼ theelepel zout
- ⅔ kopje plantaardige olie
- 1 kopje melk
- 124.eieren
- 2 kopjes bosbessen, vers of bevroren
- 2 eetlepels suiker
- 1 theelepel kaneel

INSTRUCTIES:

a) Verwarm de oven voor op 350 graden en spuit een 9 × 13-inch bakvorm in met anti-aanbakspray.

b) Meng de bloem, suiker, bakpoeder en zout in een mengkom van een vrijstaande mixer met een peddelbevestiging.

c) Voeg de olie, melk en eieren toe. Meng gedurende 3 minuten.

d) Giet het beslag in de voorbereide pan, strooi de bosbessen er gelijkmatig over.

e) Meng in een kleine kom de 3 eetlepels suiker en kaneel en strooi dit over de bosbessen. Bak 50 minuten of tot een in het midden gestoken tandenstoker er schoon uitkomt.

72. **Bosbessen Dump Cake**

Maakt: 8-10

INGREDIËNTEN:
- 1 stuk boter
- 1 doos gele cakemix
- 1 blikje taartvulling van 21 oz

INSTRUCTIES:
a) Verwarm de oven tot 350 graden, bij gebruik van een glazen schaal 325 graden.
b) Spreid de taartvulling uit op de bodem van een 9X13 schaal.
c) Strooi het cakemengsel over de bovenkant van de vulling.
d) Snijd de boter in plakjes en leg deze op de cakemix.
e) Plaats in de oven en bak gedurende 1 uur.
f) Laat 5 minuten afkoelen alvorens te serveren.
g) Serveer en geniet!

73. Bosbessen-citroen pull-apart brood

Voor: 2 UIT elkaar te trekken broden
INGREDIËNTEN:
- Boter, om in te vetten
- 4 ons crème fraîche
- ¼ kopje plus 1 eetlepel honing
- 2 theelepels puur vanille-extract
- Zest en sap van 1 citroen
- ½ theelepel gemalen kaneel
- Dagelijks Brooddeeg, op kamertemperatuur
- 2 kopjes verse of bevroren bosbessen
- 1 eetlepel verse tijmblaadjes

INSTRUCTIES:

a) Vet twee 9 × 5-inch broodpannen in.

b) Maak de vulling. Roer in een kleine kom de crème fraîche, 1 eetlepel honing, de vanille, citroenschil, citroensap en kaneel door elkaar.

c) Maak de rolletjes. Rol het deeg uit op een licht met bloem bestoven werkvlak, pons het naar beneden en rol het uit tot een rechthoek van 10 × 16 inch van ongeveer ½ inch dik, met een lange zijde naar u toe. Verdeel het crème fraîche mengsel over het deeg en strooi de bosbessen er gelijkmatig over. Begin met de lange rand die het dichtst bij je is, trek het deeg omhoog en over de vulling en rol het voorzichtig tot een blok, waarbij je het redelijk strak houdt. Knijp in de rand om af te dichten.

d) Draai de log met de naad naar beneden en snijd het in 12 gelijke rollen. Leg 6 broodjes met de naad naar beneden in elke voorbereide pan; de broodjes moeten elkaar raken. Dek af en laat op een warme plaats rijzen tot bijna verdubbeld in omvang, 30 minuten tot 1 uur.

e) Verwarm de oven voor op 350 ° F.

f) Bak de broodjes tot ze lichtbruin zijn, 45 tot 50 minuten. Zet opzij om iets af te koelen.

g) Maak de tijmhoning. Combineer ondertussen de tijm en de resterende ¼ kopje honing in een kleine steelpan op laag vuur. Laat sudderen tot de honing begint te borrelen, ongeveer 3 minuten, en haal de pan van het vuur.

h) Besprenkel het brood met de warme tijmhoning. Bewaar eventuele restjes maximaal 3 dagen gekoeld in een luchtdichte verpakking.

74. Gemengde Bessenschoenmaker Met Suikerkoekjes

Maakt: 10 PORTIES

INGREDIËNTEN:
- Plantaardige olie, om in te vetten
- 2 kopjes verse aardbeien, in plakjes
- 2 kopjes verse bramen
- 2 kopjes verse bosbessen
- 1 kopje kristalsuiker
- ¾ kopje water
- 2 eetlepels ongezouten boter
- 1 eetlepel vanille-extract
- 3 eetlepels maizena

VOOR DE BISCUITTOPPING:
- 2 kopjes All-purpose Flour
- ¼ kopje kristalsuiker
- 3 eetlepels bakpoeder
- ½ theelepel koosjer zout
- ¾ kopje karnemelk
- 5 eetlepels koude ongezouten boter, versnipperd
- 2 theelepels vanille-extract
- 2 eetlepels gesmolten ongezouten boter
- 2 eetlepels grove suiker

INSTRUCTIES:

a) Verwarm de oven voor op 375 graden F. Vet een ovenschaal van 9 bij 13 inch licht in.

b) Combineer in een grote pan op middelhoog vuur de bessen met de suiker, het water, de boter en de vanille. Wanneer zich belletjes beginnen te vormen, schep je ongeveer ¼ kopje vloeistof uit de pot.

c) Combineer in een kleine kom de ¼ kop hete vloeistof met de maïzena en meng tot klontvrij. Giet het maïzenamengsel terug in de pot met de bessen en roer. Kook tot alles dikker wordt en giet dan het fruitmengsel in de ovenschaal. Opzij zetten.

d) Meng voor de koekjestopping in een grote kom de bloem, suiker, bakpoeder en zout. Klop tot goed gecombineerd. Voeg de karnemelk, geraspte boter en vanille toe. Meng de ingrediënten. Schep het koekjesmengsel uit en plaats het bovenop de bessenvulling.

e) Bestrijk de koekjes met gesmolten boter en bestrooi ze met de grove suiker. Bak in de oven, onafgedekt, gedurende 30 tot 35 minuten. Haal uit de oven en laat afkoelen. Serveer met of zonder ijs.

75. <u>Zomerbessen met verse munt</u>

Maakt: 4 tot 6 Porties

INGREDIËNTEN:
- 2 eetlepels vers sinaasappel- of ananassap
- 1 eetlepel vers limoensap
- 1 eetlepel agavenectar
- 2 theelepels gehakte verse munt
- 2 kopjes ontpitte verse kersen
- 1 kopje verse bosbessen
- 1 kopje verse aardbeien, gepeld en gehalveerd
- 1/2 kopje verse bramen of frambozen

INSTRUCTIES:
a) Meng in een kleine kom het sinaasappelsap, limoensap, agavenectar en munt. Opzij zetten.
b) Combineer de kersen, bosbessen, aardbeien en bramen in een grote kom. Voeg de dressing toe en meng voorzichtig om te combineren.
c) Serveer onmiddellijk.

76. <u>Individuele Yuzu Blueberry Trifles</u>

Maakt: 6 Porties

INGREDIËNTEN:
VOOR DE Yuzu-TAART:
- 1 kopje cakemeel
- ½ theelepel bakpoeder
- ¼ theelepel Plus ⅛ Theelepel Zuiveringszout
- ¼ theelepel Zout
- ½ stok Boter, Verzacht
- ⅓ kopje kristalsuiker rietsuiker
- 1 ei
- ¾ theelepel vanille-extract
- ½ theelepel Yuzu-extract
- ½ kopje Karnemelk

VOOR DE GEZOETE SLAGROOM:
- 1 kop zware slagroom
- ¼ theelepel vanillebonenpasta of vanille-extract
- 1 eetlepel pure ahornsiroop

VOOR DE KLEINIGHEDEN:
- ½ Yuzu-cake
- Gezoete slagroom
- 1 kopje Yuzu Curd
- 2 kopjes verse bosbessen

INSTRUCTIES:
VOOR DE YUZU-TAART:
a) Beboter een taartvorm van 9 inch. Verwarm de oven voor op 300ºF.
b) Meng in een kleine kom bloem, bakpoeder, bakpoeder en zout. Klop in een grote kom boter en suiker romig.
c) Voeg ei toe en klop goed. Klop vanille en Yuzu-extracten erdoor.
d) Voeg de helft van de droge ingrediënten toe aan de natte ingrediënten en meng. Karnemelk toevoegen en kloppen.
e) Voeg de resterende droge ingrediënten toe en mix tot ze gecombineerd zijn.

f) Giet het beslag in de voorbereide pan, strijk het glad en bak in de voorverwarmde oven tot het lichtbruin is en een in het midden gestoken tandenstoker er schoon uitkomt, ongeveer 30 minuten.
g) Laat volledig afkoelen voordat je de kleinigheden maakt.
VOOR DE GEZOETE SLAGROOM:
h) Klop in een middelgrote kom de room, vanille en siroop of suiker totdat zich middelharde pieken vormen.
OM DE KLEINIGHEDEN TE MAKEN:
i) Snijd de helft van de cake in kleine blokjes. Plaats een paar van de blokjes op de bodem van een 8-ounce pot.
j) Voeg een klodder of twee slagroom toe. Doe er een laag bosbessen in.
k) Verdeel er een lepel Yuzu curd over. Herhaal de lagen nog een keer.
l) Doe hetzelfde met de overige jampotten.
m) Serveer direct of bewaar enkele uren afgedekt in de koelkast.

77. <u>**Bosbessen rabarbertaart**</u>

Maakt: 7 Porties

INGREDIËNTEN:
TAART VULLING:
- 4 kopjes gehakte, verse rabarber
- 2 kopjes verse bosbessen
- 2 eetlepels gesmolten boter
- 1-⅓ kopje witte suiker
- ⅔ kopje vier

KRUIMELBOVENKANT:
- ½ kopje (1 stokje) gesmolten boter
- 1 kopje meel
- 1 kopje haver
- 1 kopje geperste bruine suiker
- 1 theelepel kaneel

INSTRUCTIES:
TAART VULLING:
a) Spuit de bodem van een 9 "diepe taartvorm met spray.

b) Bekleed de pan met een taartbodem. Als u een crumble-top maakt, fluit dan de randen van de korst voordat u deze vult.

c) Verdeel ¼ kopje bloem gelijkmatig over de bodem van de taartbodem voordat u de taartvulling toevoegt.

d) Combineer alle ingrediënten voor de taartvulling en druk ze in de taartbodem.

KRUIMELBOVENKANT:
e) Combineer alle ingrediënten tot ze goed gemengd en kruimelig zijn.

BAKKEN:
f) Voeg de crumble-top toe aan de taartvulling en verdeel gelijkmatig. Als u een taartbodem gebruikt, leg deze dan over de hele taartvulling en druk de randen van de bovenste taartbodem tegen de bodemkorst, waarbij u de randen golft. Maak inkepingen in de bovenste korst om de taart te laten stomen. Spray de bovenkorst in met panspray en besprenkel goed met 5 eetlepels suiker in de rauwkost.

g) Dek af met aluminiumfolie en bak 1 uur op 350 graden (minder bij gebruik van een heteluchtoven)

h) Laat de taart volledig afkoelen voordat je hem serveert.

78. **Kers Bessen Havermout Braadpan**

Maakt: 6 porties

INGREDIËNTEN:
- 2 kopjes droge gerolde haver
- ½ kopje plus 2 el. licht bruine suiker
- 1 theelepel bakpoeder
- 1 theelepel gemalen kaneel
- ½ theelepel zout
- ½ kopje gedroogde kersen
- ½ kopje verse of ontdooide bevroren bosbessen
- ¼ kopje geroosterde amandelen
- 1 kopje volle melk
- 1 kopje halve en halve room
- 1 ei
- 2 eetl. gesmolten ongezouten boter
- 1 theelepel vanille-extract

INSTRUCTIES:
a) Verwarm de oven voor op 375 °. Spuit een 8 "vierkante bakvorm in met antiaanbakspray.
b) Voeg in een mengkom de haver, ½ kopje bruine suiker, bakpoeder, kaneel, zout, kersen, ¼ kopje bosbessen en ⅛ kopje amandelen toe. Roer tot gecombineerd en verspreid in de bakvorm.
c) Strooi ¼ kopje bosbessen en ⅛ kopje amandelen erover.
d) Voeg in een mengkom de melk, halve en halve room, ei, boter en vanille-extract toe. Klop tot gecombineerd en giet over de bovenkant van de braadpan. Roer niet. Strooi er 2 eetlepels bruine suiker over.
e) Bak gedurende 30 minuten of tot de braadpan is gezet en de havermout zacht is. Haal uit de oven en laat de braadpan 5 minuten rusten alvorens te serveren.

SAUZEN

79. **Zomerse Fruitsaus**

Maakt: ongeveer 2 kopjes

INGREDIËNTEN:
- 1 eetlepel maizena
- 1 kop vers sinaasappelsap
- 1/4 kopje agavenectar
- 2 eetlepels veganistische margarine
- 1 theelepel fijn geraspte sinaasappelschil
- 2 rijpe perziken, gehalveerd, ontpit en fijngehakt
- 1/2 kopje verse bosbessen

INSTRUCTIES:

a) Combineer maizena en sinaasappelsap in een middelgrote pan. Voeg de agavenectar toe en breng aan de kook. Zet het vuur laag tot medium en kook, onder voortdurend roeren, tot het ingedikt is, ongeveer 5 minuten.

b) Haal van het vuur en roer de margarine en sinaasappelschil erdoor. Roer de perziken en bosbessen erdoor. Serveer op kamertemperatuur of gekoeld. Bewaar overgebleven saus afgedekt maximaal 2 dagen in de koelkast.

80. Bosbessensaus

Maakt: 4 Porties

INGREDIËNTEN:
- 2 kopjes Bosbessen
- 4 in blokjes gesneden sjalotjes
- 2 eetlepels boter
- 1 eetlepel Graanmosterd
- ¼ kopje rode wijn
- Runderbouillon
- 2 eetlepels suiker
- Zwarte peper naar smaak
- Kosher Zout naar smaak
- Verse tijm

INSTRUCTIES:
a) Karameliseer de in blokjes gesneden sjalotten met boter, tijm en zout.
b) Voeg de mosterd en de bosbessen toe en breek ze met een vork terwijl je op middelhoog vuur kookt.
c) Voeg de zwarte peper en voldoende runderbouillon toe om de bosbessen te bedekken en laat ongeveer 25 minuten zachtjes sudderen, tot de sjalotten en bosbessen zacht zijn en de saus is ingekookt en glanzend.
d) Serveer deze saus bij gegrilde kipfilet en bloemkoolpuree!

81. Heerlijke bosbessensiroop

Maakt: ongeveer 2-½ kopjes

INGREDIËNTEN:
- ½ kopje suiker
- 1 T. maizena
- ⅓ c. water
- 2 kopjes verse of bevroren bosbessen

INSTRUCTIES:

a) Combineer suiker en maizena in een pan op middelhoog vuur. Roer geleidelijk het water erdoor.

b) Voeg bessen toe; aan de kook brengen. Kook, onder voortdurend roeren, gedurende een minuut, of tot het mengsel dikker wordt.

c) Serveer warm of giet in een afgedekte pot en bewaar enkele dagen in de koelkast.

82. **Bosbessenjam**

Maakt 9 halve pinten

INGREDIËNTEN:
- 8 kopjes verse bosbessen
- 6 kopjes honing
- 3 eetlepels citroensap
- 2 theelepels gemalen kaneel
- 2 theelepels geraspte citroenschil
- ½ theelepel gemalen nootmuskaat
- 6 ons vloeibare fruitpectine zonder suiker

INSTRUCTIES:
a) Plaats bosbessen in een keukenmachine; dek af en pulseer tot bijna volledig gemengd.
b) Breng over naar een soeppan. Roer de honing, citroensap, kaneel, citroenschil en nootmuskaat erdoor. Breng aan de kook op hoog vuur, onder voortdurend roeren. Roer de pectine erdoor.
c) Kook gedurende 1 minuut onder voortdurend roeren.
d) Haal van het vuur; schep het schuim eraf. Schep het hete mengsel in hete gesteriliseerde potten van een halve liter, laat ¼-inch vrije ruimte over.
e) Luchtbellen verwijderen; veeg velgen af en pas deksels aan. Verwerk gedurende 10 minuten in een kan met kokend water.

SMOOTHIES EN COCKTAILS

83. **Ombré granaatappel elixer**

Maakt: 4

INGREDIËNTEN:
- 16 ons sinaasappelsap
- 4 ons cranberrysap
- 2 eetlepels gembersap
- 3½ ons bosbessen + extra om te garneren
- 8 ons granaatappelsap
- 4 eetlepels suiker, of naar smaak

INSTRUCTIES:
a) Combineer de sinaasappel-, cranberry- en gembersappen.
b) Dek af en zet in de koelkast tot het gekoeld is.
c) Pureer in een blender de bosbessen met het granaatappelsap en de suiker.
d) Koel in de koelkast.
e) Schenk het sinaasappel-cranberry-gembersap mengsel in 4 glazen.
f) Werk af met granaatappel-bosbessenpuree.
g) Serveer gegarneerd met verse bosbessen.

84. IJsbosbessen Met Witte Grapefruitade

Maakt: 4

INGREDIËNTEN:
- 7 ons bosbessen
- 7 ons suiker
- 7 takjes tijm
- 16 ons wit grapefruitsap
- sap van 1 limoen
- 1 takje rozemarijn, gestript

INSTRUCTIES:
a) Doe 4 bosbessen in een ijsblokjesvorm, giet water over de bessen en vries in.
b) Combineer in een pan of steelpan de suiker en 4 ons water op matig vuur en kook, onder regelmatig roeren.
c) Roer de takjes tijm erdoor.
d) Meng 2 eetlepels tijmsiroop met het grapefruit- en limoensap.
e) Serveer in 4 glazen, voeg een paar bosbessenijsblokjes toe aan elk glas en serveer gekoeld, gegarneerd met rozemarijn.

85. Groene smoothie

Maakt: 4 kopjes

INGREDIËNTEN:
- 2 kopjes gehakte groenten
- 2 kopjes bosbessen
- 2 kopjes gefilterd water, naar wens

INSTRUCTIES:
a) Doe alle ingrediënten in een krachtige blender en mix tot een gladde massa.
b) Kan maximaal 1 dag in de koelkast worden bewaard, maar is het lekkerst om meteen op te eten.

86. Kers Bosbessen Boerenkool

INGREDIËNTEN:
- 1 kop boerenkool
- 1 kopje kersen
- ½ kopje bosbessen

INSTRUCTIES:
a) Meng met ½ tot 1 kopje vloeistof.
b) Genieten

87. **Eiwit Power Smoothie**

INGREDIËNTEN:
- ¾ kopje vetvrije melk
- ½ rijpe banaan
- ½ kopje bevroren frambozen
- ½ kopje bevroren bosbessen
- 1 schepje vanille whey eiwitpoeder
- 5 ijsblokjes

INSTRUCTIES:
a)   Mixen tot een gladde substantie.
b)   Proef en pas indien nodig ijs of ingrediënten aan.

88. **Superfood-shake**

INGREDIËNTEN:
- ½ kopje bevroren kersen
- 8 ons water
- ½ kopje gehakte rauwe bieten
- ½ kopje bevroren aardbeien
- ½ kopje bevroren bosbessen
- ½ banaan
- 1 schep chocolade whey eiwit
- 1 eetlepel gemalen lijnzaad

INSTRUCTIES:
a) Mixen tot een gladde substantie.
b) Proef en pas indien nodig ijs of ingrediënten aan.

89. Dr. Mike's Powershake

INGREDIËNTEN:
- ¼ kopje magere kwark
- 1 kopje bosbessen (vers of bevroren)
- 1 schep vanille eiwitpoeder
- 2 Eetlepels lijnzaadmeel
- 2 Eetlepels walnoten, gehakt
- 1½ kopje water
- 3 ijsblokjes

INSTRUCTIES:
a) Mixen tot een gladde substantie.
b) Proef en pas indien nodig ijs of ingrediënten aan.

90. <u>Heldere Bessen Shake</u>

INGREDIËNTEN:
- 1 ½ kopje water of amandelmelk
- 2 schepjes vanille eiwitpoeder
- 8 frambozen
- 4 aardbeien
- 12 bosbessen
- handvol ijsblokjes

INSTRUCTIES:
a) Mixen tot een gladde substantie.
b) Proef en pas indien nodig ijs of ingrediënten aan.

91. **Bosbessen Mango Shake**

INGREDIËNTEN:
- ½ kopje verse of bevroren gehakte mango
- ¼ kopje verse of bevroren bosbessen
- ¼ kopje gewone Griekse yoghurt
- 1 kopje water of amandelmelk
- 2 schepjes vanille eiwitpoeder

INSTRUCTIES:
a) Mixen tot een gladde substantie.
b) Proef en pas indien nodig ijs of ingrediënten aan.

92. <u>Bosbessen Ontploffing</u>

INGREDIËNTEN:
- 1 kopje vanille amandelmelk
- 1 bevroren banaan (schil voor het invriezen)
- ½ kopje bosbessen
- 1 schep eiwitpoeder zonder smaak of vanille

INSTRUCTIES:

a) Gooi alle ingrediënten in een blender gedurende 30-60 seconden.

93. **Bosbessen Muffin Shake**

INGREDIËNTEN:
- 2 schepjes vanille eiwitpoeder
- 6 ons amandelmelk
- ⅔ kopje bosbessen
- 2 theelepels cashewboter
- 1-5 druppels vanille-extract
- 4 ons water (meer voor een dunnere shake, minder voor een dikkere shake)
- 3 ijsblokjes

INSTRUCTIES:
a) Gooi alle ingrediënten in een blender gedurende 30-60 seconden.

94. Bosbessen kokos smoothie

Maakt: 2

INGREDIËNTEN:
- 3 eetlepels Golden Flaxseed Meal
- 1 eetlepel chiazaden
- 2 kopjes vanille ongezoete kokosmelk
- 10 druppels Vloeibare Stevia
- ¼ kopje bosbessen

INSTRUCTIES:
a) Combineer alle ingrediënten in een blender.
b) Mix vervolgens 1-2 minuten, of totdat alle ingrediënten volledig zijn gecombineerd.

95. **Keto tropische smoothie**

Maakt: 1

INGREDIËNTEN:
- Ijsblokjes
- ¾ kopje ongezoete kokosmelk
- ¼ kopje zure room
- 2 eetlepels Golden Flaxseed Meal
- 20 druppels Vloeibare Stevia
- ¼ theelepel bosbessenextract

INSTRUCTIES:
a) Combineer alle ingrediënten in een blender.
b) Mix gedurende 1-2 minuten op hoge snelheid, of tot de consistentie is ingedikt.

96. Gekiemde Alfalfa Smoothie

Maakt: 1

INGREDIËNTEN:
- 1 kopje water
- 2 kopjes babyspinazie
- ½ middelgrote banaan
- 1 schepje vanille whey eiwitpoeder
- ¼ kopje bevroren bosbessen
- ¼ kopje ongezoete bevroren bramen
- ½ kopje Alfalfaspruiten

INSTRUCTIES:
a) Doe om te beginnen water en spinazie in een blender. Voeg vervolgens de overige ingrediënten en 3 ijsblokjes toe.
b) Mix tot een gladde massa en serveer.

97. <u>Bosbessen-smoothie</u>

Maakt: 1-2 porties

INGREDIËNTEN:
- 1 kopje bosbessen
- 1 kleine banaan
- 1-inch stuk gember
- 1 kop babyspinazie
- 1 kopje amandelmelk
- 1 eetlepel lijnzaad
- 1 eetlepel amandelboter
- ½ kopje ijs

INSTRUCTIES:
a) Doe het ijs in een snelle blender.
b) Voeg de resterende ingrediënten toe.
c) Zet het deksel op de blender en verwerk tot de smoothie romig en glad is.
d) Schenk over in een drinkglas en geniet direct!

98. Cacao Spinazie Smoothie

INGREDIËNTEN:
- 2 kopjes spinazie
- 1 kopje bosbessen, bevroren
- 1 eetlepel donkere cacaopoeder
- ½ kopje ongezoete amandelmelk
- ½ kopje gemalen ijs
- 1 theelepel rauwHoning
- 1 eetlepel Matcha-poeder

INSTRUCTIES:
a) Combineer in een blender
b) Dienen

99. Smoothie van bosbessentaart

INGREDIËNTEN:
VOORBEREIDEN
- 2 ½ kopjes bevroren bosbessen
- 1 banaan, in plakjes
- 2 hele kaneelgrahamcrackers, in stukjes gebroken
- 1 eetlepel amandelboter

SERVEREN
- 1 kopje ongezoete vanille amandelmelk
- ½ kopje 2% Griekse yoghurt
- 3 theelepels honing

INSTRUCTIES:
a) Combineer de bosbessen, banaan, crackers uit Graham en amandelboter in een grote kom. Verdeel over 4 ziplock diepvrieszakjes. Bevries maximaal een maand, tot het klaar is om te serveren.

b) OM ÉÉN PORTIE TE MAKEN: Doe de inhoud van een zak in een blender en voeg ¼ kopje amandelmelk, 2 eetlepels yoghurt en ¾ theelepel honing toe. Mixen tot een gladde substantie. Serveer onmiddellijk.

100. Regenboog-kokos-smoothie

INGREDIËNTEN:
VOORBEREIDEN
- 2 mandarijnen, geschild en in partjes gesneden
- 1 kop in blokjes gesneden ananas
- 1 kop in blokjes gesneden mango
- 1 kopje gesneden aardbeien
- 1 kopje bosbessen
- 1 kopje bramen
- 1 kiwi, geschild en in plakjes
- 2 kopjes babyspinazie
- ½ kopje kokosnootschilfers

SERVEREN
- 2 kopjes kokoswater

INSTRUCTIES:
a) Combineer de mandarijnen, ananas, mango, aardbeien, bosbessen, bramen, kiwi, spinazie en kokosnoot in een grote kom. Verdeel over 6 ziplock diepvrieszakjes. Bevries maximaal een maand, tot het klaar is om te serveren.

b) OM ÉÉN PORTIE TE MAKEN: Doe de inhoud van een zak in een blender en voeg ⅓ kopje kokoswater toe. Mixen tot een gladde substantie. Serveer onmiddellijk.

CONCLUSIE

Bosbessen gelukzaligheid is niet zomaar een kookboek, het is een uitnodiging om de wondere wereld van bosbessen te ontdekken. Dit kookboek viert de veelzijdigheid en voedingswaarde van bosbessen, en met 100 heerlijke recepten is het een ultieme gids om dit superfood in je dagelijkse voeding op te nemen.

Het boek is zorgvuldig ingedeeld, te beginnen met ontbijtgerechten zoals bosbessenpannenkoekjes, muffins en scones. Elk recept is zorgvuldig samengesteld om de unieke smaak en textuur van bosbessen te laten zien, waardoor elke hap een explosie van smaak wordt.

Vervolgens vind je een scala aan hartige gerechten die op innovatieve manieren gebruik maken van bosbessen, zoals varkenshaas met bosbessenglazuur, bosbessen-barbecuesaus en bosbessen-quinoasalade. Deze recepten zullen u inspireren om te experimenteren met nieuwe smaakcombinaties en bosbessen te verwerken in uw dagelijkse maaltijden.

Maar een kookboek is natuurlijk niet compleet zonder een selectie van zoete lekkernijen, en Bosbessen gelukzaligheid stelt niet teleur. Je vindt er klassieke desserts zoals bosbessentaart en bosbessencrumble, maar ook creatievere recepten zoals bosbessen-cheesecakerepen en bosbessen-citroentaart. Deze desserts zijn perfect om je zoetekauw te bevredigen en tegelijkertijd de gezondheidsvoordelen van bosbessen te krijgen.

Bovendien bevat het boek handige tips en variaties voor veel van de recepten, zodat je ze kunt aanpassen aan je smaak of nieuwe ingrediënten kunt uitproberen. De recepten zijn gemakkelijk te volgen en bevatten een lijst met ingrediënten, stapsgewijze instructies en prachtige foto's waar je van gaat watertanden.

Concluderend, Bosbessen gelukzaligheid is een onmisbaar kookboek voor iedereen die van bosbessen houdt of meer voedzame en heerlijke ingrediënten in zijn dieet wil opnemen.

Met 100 recepten om uit te kiezen, heb je nooit genoeg manieren om te genieten van de zoete, pittige smaak van bosbessen. Dus ga je gang en begin vandaag nog aan je culinaire avontuur en ontdek de zalige wereld van het koken met bosbessen!

Ingram Content Group UK Ltd.
Milton Keynes UK
UKHW021148220623
423869UK00009B/73